國立臺灣海洋大學校友總會／總策劃

涓滴成流 終為海大

一所令人感動的大學，一位令人感動的校長

● 五南圖書出版公司 印行

一生奉獻　海大棟梁

時間飛逝，張清風校長就要從海洋大學退休了。從校友會聽聞這個消息時，坦白說，我十分吃驚！因為這幾年我受張校長的邀請，經常回到海大參加活動，在我的印象中，張校長總是充滿幹勁與活力，退休這二個字似乎離他相當遙遠。

1975年，我進入海大水產製造系（現已改名為食品科學系）這個大家庭，而張校長是系上學長。海大畢業後，我與張校長選擇了截然不同的人生道路，他繼續留在學術界深造，不但出國取得博士學位，返國後更是回到母校，用心教學努力研究，把所知所學，貢獻給國家社會。

時隔多年後我們再度相逢，他已經接下海大校長這個重任，期間我也在各處聽到張校長的名字，大家對他的評價，不外乎積極熱忱、辦學用心，可見聲名早已遠播四方。每當我們見面，張校長總是希望我能夠協助母校爭取資源，而我當然義不容辭，集合各界之力，一起讓母校愈來愈好。

這幾十年來，張校長不僅多次獲得國內外權威研究機構的學術獎項，也因為他對教育熱忱與無私的付出，讓他先後獲得十大傑出青年，以及法國教育榮譽勳位「騎士勳章」等殊榮，令人敬佩，也讓人感動。

張清風校長的大名，總會讓我聯想到明朝名相于謙的詩句：「清風兩袖朝天去，免得閭閻話短長。」

張校長從求學、研究、任教到成為大學的領航者，可以說在人生的每一個階段，毫無保留為海大與國家做出貢獻，辛苦數十載卻從不為私，只求海大繼續成長茁壯，盼望每一位海大人能夠出人頭地，成為國之棟梁。

　　如今，張校長即將離開母校，我們除了不捨，更多的是肯定與祝福，期盼張校長退休之後，能夠繼續與我們分享智慧，並且盡情享受屬於自己的人生。

總統府祕書長　　蘇嘉全　謹誌

2020年6月

願清風輕拂第二座山

征服，需要過人的膽識；臣服，需要雍容的器識！

一生精彩、一生卓越的張清風校長，我相信，在成功登頂第一座山後，如果此時再回首，他倒不會在意山頂上的陣陣涼風，抑或是山巔上偶而的孤寂，反而是那自孩童求學到赴美深造，再到八年海洋大學校長期間，這一路從高雄鄉下北上、從臺灣水產到華盛頓畜產，乃至於帶領國立臺灣海洋大學成功轉型，跌跌撞撞的人生路，像無止無盡的綿延崎嶇與無止無盡的幽徑轉折，那一次次的征服挫折、征服自己，甚至征服失敗，才是他最珍貴，也最值得珍藏的腳印！

我也相信，沒有人能否認，這第一座山，是張校長用過人的膽識所征服的。

個人碩士、博士學位都在海大完成，又長期在海大兼任教職，有幸在律師、議員、立法委員及政務官的生涯歷練當中，都和海大結下不解之緣。更慶幸自己能夠恭逢其盛，共同見證清風兄在接任校長後，對校務展開的一連串變革！

除了軟體上再次確認以「海洋」為主軸的思維，讓海大人能突出海洋特質融入實務界，還能與國際接軌；同時，也將原來以自然、工程、航業為主的海大，增加許多人文社會學系、研究所和碩專班，甚至新闢馬祖校區、籌建桃園觀音校區，挑戰種種不可能的任務般將海大轉型為更多元、

更跨領域的完整大學，這幾年屢獲教育部高等教育績優評鑑之外，並讓海大不論是在國內或在國際上的排名大幅躍進；而在硬體上，他則翻轉了老、舊、醜的海專印象，全新的全興書苑、山海迴廊、學生餐廳、行政大樓，一一屹立在臺灣頭的山海之間，使海大人不僅多了許多的幸福感，也增添不少榮耀感！

張校長折衝樽俎、開疆闢土，用膽識、用承諾、用責任、用榮譽征服的第一座山，對目前所有站在這座山肩膀上的海大人而言：清風，確實讓人如沐春風。

一個用膽識、承諾、責任、榮譽征服第一座山的張清風校長，要退休了。這第一座山，再怎麼高，還是得下山；這第一座山再怎麼偉大，征服喜樂之餘，還是算世俗成就。我們多麼期盼望重杏壇的張校長，未來除了能為家人、家庭多停留一點，也能為臺灣的海洋教育再多奉獻一點點⋯⋯用雍容的大智、大度、大器，再登第二座山，這次不再是征服，而是臣服於自己的家庭、自己的信仰、自己的生命！

身為海大的一分子，我們多麼希望有機會一路陪伴張校長再次攻頂，也滿心祝願清風輕拂第二座山，夢想再成真！

內政部部長 徐國勇 謹誌

2020年6月

清風拂馬祖，大學布全國

每次與張校長見面總有清風拂面，春暖花開的感覺，果然人如其名，充滿親和力。久聞張校長在海大秉持自由開放的辦學理念，以學生為學校的主體，鼓舞快樂學習，充分尊重學生的興趣，走出臺灣追尋夢想。他的和顏悅色來自愛與包容，誠於中而形於外，令人心悅誠服。不只對學生，對我們也有一樣親切自然的吸引力。

海大與馬祖淵源極深，數十年來，就讀海大是馬祖學生的優先志願之一，畢業後也回饋故鄉，校友對馬祖貢獻極大，例如，在公務部門縣府一級主管中海大校友就約占了四分之一，非常重要。海大馬祖校區設置之前，馬祖是全國唯一未設置大學的縣市，本人2014年就任連江縣長後就向張校長請託希望海大能在馬祖設立校區。在張校長熱情導引下，海大與本縣積極合作，雖然當時正逢少子化的退場時機，我們卻能克服大學瘦身的大環境障礙，在困境中逆勢操作，終於克服萬難完成設置校區。招收新生班班滿額，學生也愉快就學，未來前景一片欣欣向榮。如果不是張校長的決心與毅力，就沒有今日的馬祖校區，臺灣的高等教育也不會有全國22縣市的完整拼圖。

馬祖的藍眼淚舉世聞名，馬祖陳年高粱超高品質年年榮獲國際大獎，閩東風情也讓遊客讚不絕口，美食、美景與美酒讓馬祖成為旅遊金字招牌。此外，我們連續五年獲得五星級縣市長獎，其中教育部分獲得最高評

價，海大馬祖校區設置後，從小學到大學，馬祖的教育已可無縫接軌，這都是張校長的卓越貢獻。

　　退休是另一段美好旅程的開始，我願以去年德國總理梅克爾給哈佛畢業生的詩句來祝福：「每一個開始都包含神奇的力量，巧妙推移嶄新的生活。」希望張校長運用神奇的力量展開另一個春天，再度清風拂面，春暖花開。

連江縣縣長　劉增應 謹誌

2020年6月

百變張校長

　　我想問起每個人對張清風校長的印象，答案一定是百百種，校友們會說：「他是最有幹勁的校長，把學校當自己的事業在經營，比CEO還CEO。」海大老師們會說：「校長啊？Ideas 無窮、精力無限，帶著大家一起往前衝，腳步永遠比我們快一步！」學生們則難忘：「校長好親民，路上看到大家都會親切問候，吃飽穿暖了沒？像一個沒有代溝的歐吉桑。」

　　這就是「百變張校長」，他永遠知道自己在做什麼，並且像川劇一樣，可以在短短時間內，隨著不同角色或身分「變臉」成功。要知道這是需要功夫的，因為對每件事情「超前部署」，才會清楚如何應對每一個被賦予的重任。而這早已內化到他的DNA，讓他可以憑藉來自心靈深處澎湃的一顆心，積極做好每一件事，熱情相待每一個人，至於每一個無分大小的使命，他就是Just do it，盡力就對了！

　　我想起初次見到張校長，是大約七年多前他剛上任不久，我陪同校長拜會長榮集團與張榮發基金會的創辦人——張榮發總裁。他與總裁兩人的對談，現在回想起來都還饒富趣味，尤其雙方親切、誠懇及鄉土式的言語，顛覆了我對大學校長的印象，兩人對海洋教育與海事人才的培育，觀點一致，讓一場拜會下來，可說是賓主盡歡。

　　這也奠下後來張榮發基金會與海大有很多合作的機會，包括協助校史

博物館舉辦「鐵意志與柔軟心──長榮集團創辦人暨總裁張榮發先生特展」、開設融合海事及品德教育的「張榮發講座」、增設張榮發基金會清寒學生助學金、一起關心偏鄉弱勢學童、共同支持文化資產保存、推動海洋相關活動與人才培育等。在每一次的合作過程中，我都感受到張校長對於每一個細節的關注，以及親力親為的行事作風。

　　每次與張校長一起走在校園，看到他和師生親切的互動問候，不僅沒有一點校長架子，他對學校的點點滴滴，更是瞭若指掌，校園每一個角落，也能聽他娓娓道來許多感人的小故事，或是提出活化的想法，可以說是一位接地氣的校長。此外對學生活動的支持，及對弱勢學生的關心，也讓人感受他「暖男」的一面。我相信八年大學治理成果，已經充分證明張校長不僅僅只是一位校長，他更是一位成功的教育實業家、校園的父母官、還是海大附近整體社區的守護者。聽說他已經興致勃勃的在規劃卸任後的教學與研究計畫，相信他永遠是我們記憶中那位「百變張校長」！

財團法人張榮發基金會執行長　　鍾德美 謹誌

2020年6月

仙風道骨又精力充沛的
張清風校長

一直很納悶「清風俠」的身形為何如此仙風道骨？

2015年海洋大學62週年校慶，正巧是基隆愛樂合唱團成立40週年，張校長邀請基隆愛樂合唱團在國立臺灣海洋大學育樂館廣場草坪舉辦露天音樂會，演出前特別撥空帶著我們逛校園，導覽介紹海洋大學，他健步如飛，我們得加快腳步才跟得上。校園內有起伏的山坡，還要上下樓梯穿梭於各系所大樓，但精力充沛的張校長就這樣一步一腳印踏遍學校各個角落，難怪體態會如此精實，因為運動量爆表。

他喜歡跟學生打招呼，隨時都能聊上幾句，問學生考試過了沒？學生秒回：「過了。」校長立刻豎起大拇指稱讚厲害，有學生略遲疑，校長立即回應：「沒關係，加油！你一定可以的。」無論走到哪裡，都有人喊著：「校長好！」大學校長能與學生如此親近的，實在不多見。

那天晚上的校慶草地音樂會，除了邀請校友和在校生參與之外，張校長更歡迎社會各界人士走進校園，讓更多人了解海洋大學，以及學校對社會的影響和貢獻。張校長率真的性格在人群中表露無遺，他和大家一起坐在臺下，隨著合唱音樂哼唱拍手，在觀眾席我看見一位滿腔青年魂的校長，活力四射神采奕奕。

張校長支持藝文活動不遺餘力，基隆愛樂合唱團每年在基隆文化中心演藝廳的公演，張校長及夫人孫藍天老師一定出席聆賞；他讓海大藝文中心專責來推動校園藝文活動及推廣人文藝術教育，並成爲與政府文化單位及地區文化界互動之重要橋梁，讓海大除了海洋科學的卓越成就外，也能成爲基隆地區文化的標竿。

　　謝謝張校長八年來辛勤灌漑，讓海洋大學充滿活力又創新，成爲一所海洋教育、科技發展、人文素養兼備的頂尖一流大學。

三立電視台【健康有方】主持人、漁業播電台【發現農民力】主持人、
　MOMOTV綜合台【今天大小事】主持人、基隆愛樂合唱團執行長

謹誌
2020年6月

喜見張校長——學生為本‧人文關懷

　　感謝海大，十六年前在黃榮鑑校長的引介下，「五南」踏進了海大美好的校園，成為全臺12家的一員。歷經李國添校長繼續給予的鼓勵與支持，「五南」得以維持下來，成為校園書香景點的一環。2012年8月，張清風校長接任之後，本於「學生為本‧人文關懷」的治校理念，更關愛有加，慨允遷進原圖書館側旁改建的「宏廣書屋」1樓140坪，煥然一新。如今，書坊不止是知識的匯藏與聚焦所，也是師生甚至社區民眾的休憩、聚會、浸品書香的所在。

　　張校長貧農出身，種菜賣茶中度過童年。海大畢業後，負笈美國，取得華盛頓碩士、博士學位；回國後奉獻所學於母校，歷經專任教授、系主任、教務長、終身特聘教授，以至於八年前接任了母校校長，奉獻心力。期間先後獲頒國科會傑出研究獎、教育部學術獎、動物學會傑出貢獻獎、研究傑出獎。其學術成果也深受國際肯定。日本頒授「孞井新喜志獎」、法國教育榮譽學位的「騎士勳章」，其學術成就與治校風格，有目共睹。

　　張校長治校，秉持「共創海洋大學榮景」的宏願，以「學生為本‧人文關懷，辦一所令人感動的大學」為志，在「活力創新、海大躍進、海大精進」的策略推動下，欣欣向榮，校譽蒸蒸日上，備受教育界肯定。為了實現「以人文為本、人文關懷」的目標，張校長更重視校園書香的營造。張校長一本當年為提高學生讀書風氣，解決海大位處市區邊陲的不便，促成五南海大店誕生的初衷，繼續發揚光大，將海大傑出校友李清郎先生斥資捐助圖書館旁側改建的「宏廣書屋」140坪的1樓，交予「五南」使用。有感於張校長對校園書香的重視與期待，我們不敢稍有懈怠。如何營造校園書香、提供舒適的閱讀環境，成為我們經營的主要思考。有了足夠的空

間，我們邀同良師塾人文餐飲集團共同參與，營造書與咖啡的書香環境。希望不負張校長的期許。讓我們更加感動的是張校長的親民作風，加上走動式的管理。在我們遷移、重新裝潢布置的過程中，每天一大早上班一定親臨現場，提供意見，甚至數次帶領校內主要主管，現場集思廣益，我們不用心也難。

「五南」，五十三年了。向以學術專著、大學教材為出版主流，有四家子公司，近萬種圖書可供應。並與大學或學術團體合作，印行18種學術期刊。全臺12家「五南文化廣場」，彌補傳統書店偏重市場暢銷書的遺憾，為學術專著提供面世的機會。是國內極少數集上、中、下游於一身的出版機構。是文化部簽約的政府所有出版品唯一海內外總代理，已有十二年。五南海大店的營運，採取複合式書店的規劃型式：「閱讀視野、風格文具、文創美學、品味生活」等四個概念，結合而成一家文青小書坊。以專業、舒適、明亮的空間、熱忱的服務精神，配合e化、創新之完美整合，打造屬於海大的文青殿堂，建立優質、閒適的閱讀與休憩空間。不止是圖書用品的展示，更是海大師生的交會所在，也是海大教師著作的展示平臺。以突顯海大的學術風貌，拉近海大師生的學術認知。也成為海大教師著作出版的溝通平臺。我們衷心的期望，海大一本初衷，陸續給予指導、支持。

「五南」因張校長而成長，因「海大」而榮耀。感恩！

校長榮退，轉啓人生另一扇門，祝福：

幸福生活每一天！

五南文化事業機構創辦人

楊榮川 謹誌

2020年6月

涓滴成流終為海大

　　2020年6月13日張清風校長主持了他在海大校長任內最後一場的畢業典禮。今年很多學校都因為新冠疫情之故取消了畢業典禮，而海大為了讓畢業生有美好的回憶不留遺憾，在兼顧防疫下，採取校級辦理分院舉行，儀式移至育樂館前草坪戶外開闊空間，以學院為單位、師生輪流登場，一連七場次的馬拉松式畢業典禮，在炎炎烈日下超展開；攝氏三十五度的高溫，穿著博士袍的張校長，親自為2,254位畢業生勉勵祝福，七小時下來全身被汗水浸溼又曬乾、臉也曬成鎖管紅；在最後一場海運學院典禮中，上臺致詞祝福的師長盧華安（75航海、79航管）院長，以有趣的有獎徵答方式，喚起畢業生在海大的珍貴回憶，最後一題要學生說出對張校長的暱稱，臺下學生們不約而同地大聲說「清風俠」，還自動加碼「我愛你」，那一刻零距離的真情此起彼落，此時旁邊觀禮的家長交談著：「真是一位令人感動的校長……」。

　　2020年7月31日張清風校長將卸下國立臺灣海洋大學第十任校長的職務，自2012年8月上任以來，張校長以擔任海大校長發展海大成為國際級的海洋頂尖大學為職志，八年來秉持著「活力、創新、海大躍進、海大精進」的治校理念，其熱誠、奉獻與執行力，磁吸了海內外校友，更史無前例的將海大校區延伸至馬祖、桃園，爭取基隆海事高職改隸為海大附中，讓海洋海事人才教育扎根永續，在其任內積極發展校務，從館舍興建、校

園文化、學術氛圍、學習環境到產學合作，張校長盡洪荒之力的開疆闢土，讓臺灣海洋大學發展成為一所以專業及海洋為最大特色的「社會上不可或缺的學校」，以及以學生為主體人文關懷「令人感動的大學」。

經過八年如滴水穿石般的努力，海大校園充滿著張校長領導下的創新與創意，他以身為校友校長，牽引著許多校友深深的愛著孕育大家成長茁壯的母校——臺灣海洋大學，許多校友也因為校長的領頭付出而深深感動，張校長的真誠熱情，讓學生喜愛、校友珍惜，與他接觸過的校友都認為他是一位誠懇得讓人動心的校長。

校友是學校的珍貴資產與學校競爭力的延伸，亦是鼓勵學校優質辦學一股重要的力量；臺灣海洋大學自1953年海專時期創校至今，栽培將近九萬名的校友遍布全球，校友們在各行各業努力耕耘、發光發熱。

為凝聚校友力量，眾志成城建設海大，張校長上任後，即強化校友服務行政組織，回復「校友服務中心」，協助校友總會的成立，加入臺北聯合大學系統，陸續協助了44個海內外校友社團、組織的建立，從個人、企業、團體，有系統地搭起與校友間互動回饋的機制和橋梁，同時加強校友網路及建置社群平臺，即時分享交流母校訊息；張校長親身參與海內外校友的各項活動，藉此向校友們傳遞校務發展現況，並在每年學校重要慶典，精心策劃具有黏著力、激發海洋人熱情的創意活動，吸引校友回娘家，八年來已有超過一萬人次的校友與他一同走遊校園、回憶海洋，而他自己擔任小編經營的臉書粉專貼文超過1,900則，學生都戲稱清風俠校長是動態魔人。

張校長是海大校友心中接地氣又有魔力的校友校長，他為擦亮海洋大學招牌所做的努力，引燃了校友的熱情，校友對母校的支持化為「涓滴成流終為海大」的回饋行動力，支持的校友有個人、有公司、還有夫妻、父母子女的海洋家庭，八年來累積超過5,500人次達新臺幣4億500多萬元的捐資興學，都是源自校友關心海洋大學成長茁壯、躍進精進的期許與熱愛。

為提升母校教學研究能量、培育接軌國際的海洋人才以及美化校園樣貌，讓海大更有特色、被看見，這些年張校長積極募資，增加了許多獎助學金與館舍地景，這些因為校友支持而有的成績與建設，學校皆以感恩之心列於學校捐資興學芳名錄網頁中，張校長還特別製作成「碑文」立牌說明，讓校友的愛校，有跡可循且為人傳頌。

今年5月張校長即將卸任之際，校友總會王光祥理事長與創會會長洪英正榮譽理事長提議，以「千言萬語」表達對張校長的感謝並將其出版，立即獲得校友總會全體常務理監事附議，這本由校友總會總策劃，校友服務中心協助執行，邀請海內外校友代表自發投稿，一人一文，寫下他所認識的張校長、給張校長的祝福，並以「涓滴成流終為海大」為名，將校友眼中的張校長彙集成冊，同時蒐錄張校長的學習成長歷程、辦學理念、治校成績，以及在他任內凝聚校友力量，眾志成城建設海大的一本書，就此醞釀。

本書分為四個篇章：第一部分「校友眼中的清風校長」，收錄五十位校友書寫他所認識的張校長，內容自由發揮文體不限，故文章中有書信、散文、新詩、賀電、中英文甚至文言文，主題相同各有文采，惟囿於出版

時間緊迫與篇幅限制，許多校友稿件無法一一收錄列述，敬請見諒海涵；第二部分「清風校長的湛湛人生」，主要介紹張校長重要學經歷以及表列了他八年的治校成績，張校長也藉此篇章為文，感謝校友的鼎力支持；第三部分「清風校長眼中的海大」，內容有125張海大人事物的文圖，皆選自張校長臉書上的作品；第四部分「眾志成城建設海大」，主要簡介張校長任內新設的校區及館舍地景。

　　本書短短兩個月從無到有、順利出版，首先要感謝張校長、王總會長、洪榮譽總會長的全力支持，承蒙作者群的師長校友協助審閱，以及進駐海大書店的五南圖書出版公司願意接案；特別要感謝辛苦兼辦校友總會祕書長的莊季高副校長為我們加油打氣，還有祕書室詹鴻敏祕書（詹姊）提供資料；校友服務中心同仁夥伴張尹柔、林惠文以及近期加入的李善如，在校友服務工作極度忙碌之中犧牲假期協助稿件的整理、校對。

　　《涓滴成流終為海大──一所令人感動的大學，一位令人感動的校長》，這不僅是校友總會獻給張清風校長的一份卸任紀念禮物，也期待心向海洋的所有學長們，愛海洋的心，永遠的蕩漾沸騰。

海洋大學校友服務中心主任　吳瑩瑩

2020年6月

目錄 CONTENTS

1 PART　校友眼中的清風校長／1

2 PART 清風校長的湛湛人生／165

3 PART 清風校長眼中的海大／181

4 PART 眾志成城建設海大 / 213

Part 1

校友眼中的清風校長

52 水 製

鄭森雄

海大食品科學系講座教授

臺灣省水產學會理事長

中華民國航運學會理事長

中華民國海洋事業協會理事長

榮獲教育部學術獎

榮獲中國水產協會褒獎

海大教學優良教師

海大傑出教學教師獎

海大終身特聘教授

2017年第四屆海洋貢獻獎

2009年海大傑出校友

　　鄭森雄講座教授，52級（1963年）水產製造科畢業，後赴日本九州大學攻讀碩、博士。1970年返國，任職於中央研究院動物研究所，擔任副研究員、研究員。1975年借調至母校國立臺灣海洋學院擔任教務長，1976年至高雄海事專科學校擔任校長，1981年返校擔任國立臺灣海洋學院校長，1989年學校改制為國立臺灣海洋大學，擔任校長一職。

　　鄭森雄教授致力於環境科學研究，為臺灣早期環境科學領域之先驅，著有《水產概論》一書，並在當時以科學方法證明臺灣河川工業廢水是造成生態嚴重問題的原因，對產業制訂各項水汙染環保規範，其研究更曾獲教育部學術獎之肯定。除專業領域之研究，培養許多人才外，鄭森雄教授亦致力於海事教育，在擔任海洋學院院長及海大校長期間，實行多項政策，延攬優秀教師、拆遷校地違建、與海爭地擴大學校用地、爭取經費充實設備、促使母校改制大學等，為海大貢獻良多。

一個理想的實現

張清風同學加入我的研究室

　　1974年，我在中央研究院任職的時候，有一天張清風「同學」與其他幾位海洋學院的學生來找我，說要跟我做實驗。那時候，我還沒在海洋學院授課，我很驚訝怎麼會有學生知道我，還千里迢迢的，從基隆到那時還很偏僻的南港找我，被他們的熱心及用心所感動，我很高興的歡迎他們加入我們的研究室。那時候我的研究室正在從事「臺灣西南沿海養殖貝類大量死亡之研究」，也做一些與海洋生物化學有關的實驗。我的研究室有臺大海洋研究所的碩士班學生數人（現在張清風校長夫人，孫藍天教授也是其中一人），另外有輔大生物系、師大生物系、東海生物系、臺大動物系等各個學校的研究生及實習生，加上海洋學院水產製造系的學生，共有十來位，十分熱鬧。那時候我還很年輕，只有三十四、五歲，又沒外務，每天從早到晚就是做實驗。我教學生樣品的前處理、一般化學分析、有機及無機物微量分析、 生物毒性測試、分光光度計、氣相分析儀、原子吸收光譜儀等。我也教學生如何燒玻璃，用玻璃管製作沸石，拉兩尺的毛細管；做實驗時，如何詳實記錄，「靠記錄，不靠記憶」。我跟學生討論結果，也跟學生天南地北，什麼都談，實驗室有來自臺灣各地的英才，大家互相交流、學習，工作的十分愉快。張清風「同學」就是在這樣的環境下，開始他的研究。

為了了解臺灣西南沿海養殖貝類之狀況，我們研究室常常要到嘉義、雲林沿海採樣。每次約有10人出差，因為經費的關係，就坐平快車，一趟車程常常要五、六個小時。在車上，我們就談許許多多與研究有關，或者不相關的各種事情。有一次張清風問我：「老師，現在你感覺最困難的是什麼事？」我回答他：「有問題時，沒有人可以問。」張清風說：「老師，現在沒有人可以回答你問題了。」這句話讓我到現在都還記得，都還在想……。

　　在1970年代，雖然研究經費不多，經濟不寬裕，但是大家都努力奮發。現在想起來，那時像張清風及其他來我們研究室的學生都是主動的，積極的，會自己到校外找老師，有方法，有耐力。當年那些用功奮發的學生，許多後來都像張清風「校長」一樣，在各行各業出人頭地，歷史證明他們都是人才，人才在年輕的時候，就知道要主動，積極。

張清風「同學」研究「蝦的賀爾蒙」

　　海洋學院畢業，考上水產製造研究所之後，張清風選我當他的指導教授，他的碩士論文題目是「蝦的賀爾蒙」。這種選擇，有歷史的因緣，當年（1970年至1976年），在中央研究院動物研究所，我的研究室（海洋生物化學研究室）隔壁，是萬家茂教授的研究室。他留學美國，比我早一年回到中研院。我與萬教授很談的來。萬家茂教授的專長是內分泌學。我想到中國人常說：蝦的賀爾蒙很多。真的嗎？由於萬老師的專長是賀爾蒙，我對於生物化學較熟悉，我們二個研究室是不是可以合作，了解一

下，蝦是不是眞的有賀爾蒙。與張清風討論之後，就決定以「蝦的賀爾蒙」做爲他的碩士論文題目。 由於在海洋學院沒有修過生理學與內分泌學的課，張清風還到萬老師的課堂從頭修讀「生理學」及「內分泌學」的課。經過二年的努力，張清風完成了論文：「Existence of an estrogen-like compound in the ovary of the shrimp *Parapenaeus fissurus*」，在1978年發表在*General and comparative endocrinology*。那是最早證明，蝦眞的存在有類似賀爾蒙化合物的論文，到現在還常常被其他的學者引用。

服完兵役以後，張清風得到美國華盛頓州立大學的獎學金，繼續做內分泌學的研究。由於他同時具有很好的生物化學及生理學的基礎。他在華盛頓州立大學的時候，很得指導教授的激賞。因爲許多別人分離不出來的化合物，做不出來的實驗，經過張清風的努力，就一一做出來了。從大學部、碩士班到博士班，張清風同學對研究熱心、有創意，常常能完成別人所不能的實驗。

張清風繼續研究水產內分泌及生殖生理

1986年，張清風得到美國華盛頓州立大學的博士學位，就計畫回臺灣。他原來計畫去中山大學（離他的老家高雄較近），或中央研究院（可以好好做研究），我那時正擔任海洋學院的院長。張清風博士不想到海洋學院的主要原因是不想「靠老師」。我義正詞嚴的告訴他，還是要回來海洋學院。因爲這是你的母校，你有責任協助學校，幫忙學校。只要你研究做的好，教學認眞，跟你「曾經是」鄭森雄的學生沒有關係。最後，張清

風博士，還是回到海洋學院水產養殖系。回到學校以後，張清風教授在水產內分泌及生殖生理有深入的探討及研究。他從早到晚都埋在研究室。還好他的太太（孫藍天教授），也是一位研究者，可以理解他、支持他。即使升到教授，張清風還是十分認真學習。為了學習新的學門，他曾經再到日本一年，也到法國八個月，去做短期的研究，這種熱忱，實在少見。

「天方夜譚」

1986年，張清風到海洋學院水產養殖系，努力做研究及教學。那時候，我擔任海洋學院院長，就住在學校現在校史博物館對面，原來的學生宿舍，我將它改建做為宿舍。白天我在學校上班，晚上就可再回到「學校內」的宿舍，十分方便。那幾年（1981年至1990年），學校正在積極解決校內存在了三十餘年，108戶的違章建築。希望擴大校區，填海造地，讓每一位老師有自己的研究室，讓學生有更廣闊的空間及學習場所。也正努力延聘世界各地學者，至校任教。對外積極爭取預算，讓外界更了解海洋學院，願意協助我們。我的行政工作很多，沒有時間做我喜歡的研究工作。但是我會遇到許多學術研究以外的問題。有許許多多行政的問題需要處理；有想法要與外界溝通、遊說；另外也要與校內違章建物戶拜託，願意搬遷。白天我至校外，或在校內與同仁商討處理；晚上常常要打國際電話，邀請國外學人。但是比較特別的，是我常常與張清風跟其他幾位學生「天南地北」。我把我的所見所聞，講給他們聽，也聽他們的意見，這段時間不再是談「實驗」怎麼做，而是講學校行政，如何建設我們的校園。

一直到1990年，我卸任校長職務，搬離宿舍。我們這些「天南地北」持續了四、五年，我把這些聊天，稱為「天方夜譚」。這些聊天中，最多的是我理想中的「海洋大學」，應該完成這些，應該做那些，我們心中都有一幅美麗理想的圖像，只是不知何時可以完成。

張清風學術研究卓越，發揮行政長才

在海洋學院任職沒有多久，張清風卓越的研究成果就顯現出來。他獲得國科會特約研究獎、傑出特約研究獎、教育部學術獎、教育部國家講座。在水產生殖生理領域，在世界上自成一家。他完完全全地靠自己的努力，完全沒有「靠」我這以前的「老師」。因為我對生殖生理學門完全不熟悉，只是在旁邊，替他高興，替他鼓掌。張清風還在碩士班期間，我內人就很熟悉這位認真聰明的學生。我內人跟我一樣都以張清風的成果為榮，每一次他得獎，我內人就說：「張清風，你好厲害，有獎拿到沒獎（所有的獎，都給你拿光了）。」

許多研究工作做的好的教授，常常被付以行政職務，這時就可以看出每個人特質之不同，有些研究做的很好的學者，不善於處理公家的事務，自己的研究興趣與公家的利益常常不能平衡。但是張清風教授從系主任、教務長，以至副校長，都能以公家利益為優先，全心全力為大家服務，又有擔當。可是他也沒忽略自己的研究，下午五、六點下班以後，又去做實驗，到晚上九點、十點才回家。張清風教授就是這樣一位全力以赴，日夜匪懈的人。

很快的，外面的科技單位注意到這個人才，邀請他去當國科會生物處處長，隨後又擔任國科會副主任委員，相信這段期間，他對科技全盤的發展，如何協調各個大學，提高公眾利益，有更多的心得。

一個理想的實現

2012年眾望所歸，張清風教授被遴選為國立臺灣海洋大學校長。我是1981年擔任臺灣海洋學院院長，三十一年後，我的學生又能擔此重任，我自然十分的高興。除了高興，我更期待，我們對海洋大學的理想，更可實現，一代比一代更好。我們當年的「天方夜譚」，可以一樣一樣成真。

在1981年，我到臺灣海洋學院擔任院長之時，我的老師，前任的謝君韜院長，對我的期許，仍然歷歷在目。謝院長教過我們「企業管理」，也邀我回校擔任教務長二年，是帶領我進入學校行政的老師，他告訴我，海洋學院創立於艱難之中，經歷這麼多年，這麼多人的努力，才由省立海事專科學校，改為省立海洋學院，改為國立臺灣海洋學院。我們沒有前人留下豐富資產，靠的是自己的努力。他告訴我有很多事，例如改為海洋大學，例如收購違章建築，例如擴大校地，廣邀人才……都是我們努力的目標。那時，我有幸常常見到第一任的戴行悌校長。也見過第二任的李昌來校長多次。雖然他們已經退休，但是仍然十分地關心「海洋學院」，一心期待我們能夠「光大海洋」，更勉勵我這個學生要負起這個任務。我聽到這些話，都不敢回答，因為不知道做不做的到，只敢說：「是」、「是」，心中想的只是如何全力以赴。

當張清風接任國立臺灣海洋大學校長之際，我也把我的老師，我的校長，對我期許，轉送給他了。我認為他一定可以達成這個任務，我在任時，雖然完成了一些前任校長期許，像是解決校內的違章建物，擴大校區，廣建校舍，延聘更多優秀學人到校任教，提高學校之教學與研究水準，以至改成「國立臺灣海洋大學」等。但是有許多地方尚待努力。經過我後任許多校長的領導，全校老師的努力，學校一直在進步之中。張清風校長就任之後，提出學校的定位與願景是「卓越教學與特色研究兼具的海洋頂尖大學」，辦一所「以學生為本，令人感動的大學」。憑著他深厚的學術基礎，張清風校長很能了解如何讓老師有優良的研究環境，如何協助老師發揮所長。由於他也曾是這裡的學生，他也知道如何給學生更好學習環境，他也能凝聚校友力量，共同創造海洋大學更高的水準。他在各處歷練的行政專才，也讓外界更加支持海洋大學，最能表現他具體的成就，就是臺灣海洋大學在教學方面連續獲得教育部「教學卓越計畫」。在研究方面獲得「邁向頂尖大學計畫」的肯定。不單單在國內獲得肯定，在世界各地的海洋大學中，臺灣海洋大學也是排名最前面的。在1990年，「國立臺灣海洋學院」改為「國立臺灣海洋大學」，英文叫「National Taiwan Ocean University」。在海洋綜合的領域中，我們是世界上第一個用Ocean University名稱的。後來，許多國家，也慢慢成立了海洋的綜合大學，名字也都用「海洋大學」，例如日本、韓國及中國大陸的海洋大學。張清風校長領導全校師生，使「臺灣海洋大學」成為真正的「國際化的頂尖海洋高等學府」。

臺灣海洋大學的校區，在基隆市的中正區海濱。這個主校區共有四十餘公頃，其中有二十餘公頃，都是靠學校自己填海造地產生的。基隆主校區是我們各個學院及系所所在。經過張清風校長的努力，我們也在基隆市以外，設立了「馬祖校區」、「桃園觀音校區」。這些新校區的增加，非常的不簡單，把學校的影響力，更加擴充。更重要的是「馬祖校區」得到連江縣政府全力的支持，「桃園觀音校區」是為環境保護與發展海洋能源的海洋創新育成基地，桃園市政府協助推動的。靠自己的力量，有豐富的生命力，是臺灣海洋大學的特質，張清風校長正是這種精神的代表。

　　一個大學的存在是永恆的。靠的是學校所有師生，一代一代的努力，繼續的傳承。我們對臺灣海洋大學的理想，就是這樣一代一代傳承下去。

67 輪機

王光祥

三圓建設股份有限公司董事長

隴華電子股份有限公司董事長

美國華信商業銀行董事

山圓建設股份有限公司董事長

國立臺灣海洋大學校友總會理事長（2017年～迄今）

國際獅子會國際理事（2019年～2020年）

國際獅子會300-A2區總監（2007年～2008年）

2016年海大傑出校友

2020年海大工學名譽博士

2020年3月25日海大校友總會理事長、三圓建設王光祥董事長獲頒海洋大學名譽博士。（海大出版中心專員陳怡伶攝，85養殖）

| 2020年3月25日海大校友總會理事長、三圓建設王光祥董事長獲頒海洋大學名譽博士。學位典禮於海大育樂館戶外廣場舉辦，產學冠蓋雲集。（海大出版中心專員陳怡伶攝，85養殖）

　　王光祥總會長，67級（1978年）輪機工程學系、2010年國立臺灣大學農業經濟研究所碩士畢業。

　　三圓建設董事長王光祥，是國內少有以房地產起家，事業版圖跨足客運、銀行、生技、電子業的企業家。

　　王光祥董事長是屏東楓港人，1946年出生在臺北廈門街省府官舍。他父親畢業於日本帝國大學（現臺灣大學）法學院，曾任臺灣省農林廳副廳長。二二八事件時，他父親辭官回屏東當老師，沒想到開學才三天就腦溢血過世，那年王光祥才3歲。小學畢業後，王光祥到鐵工廠當學徒，二年後才去讀高雄高工初工部土木科和高工部製圖科。退伍後，考上海洋學院（現今的國立臺灣海洋大學）夜間部輪機系，半工半讀，九年才拿到學位，在海大就學這段期間和朋友成立了營造公司。他一面做水電工程生意，一面準備成立建設公司。1979年成立三圓建設。

涓滴成流

王光祥董事長，28歲上大學，半工半讀九年才畢業，社會歷練早，累積豐厚的創業底子，他奮鬥不懈的精神，為人謙虛負責，勇於創造創新且兢兢業業，努力擦亮臺灣企業的招牌，王光祥董事長就是這樣認真無私愛海洋愛臺灣的企業家，更是校友的典範，母校臺灣海洋大學的榮耀。

　　熱愛母校的他自從加入海大校友總會這個大家庭後，十足熱心且積極投入的邀請號召各界校友，齊心合力協助校務發展，共同擦亮海大的招牌，身為總會長大小活動皆親身參與精神更令人感佩。

　　談到三圓建設董事長王光祥，臺灣營建最為佩服且津津樂道是他成功整合「正義國宅」都更案並動工改建為總銷達400億的「Diamond Tower」住商複合大樓。

　　王光祥董事長旗下三圓建設，在四十年前（1979年）和陳氏建設合夥共同創辦，多年前就榮任全國十大建築排行榜。三圓建設是臺灣鋼骨摩天住宅的先驅，建築代表作不勝枚舉，包括自1981年南海麒麟名廈與2007年當時號稱北臺灣第三高建築新巨蛋及最近2019年上梁的正義國宅都更，三圓建設的大型建案已在北臺灣擁有超過38座。其中2008年板橋「新巨蛋」，更以全國最高住宅建築之姿，改寫臺灣天際線。

　　除了營建人生的卓越成就，他對臺灣建築的建樹，是在他擔任「中華民國建築開發商業同業公會全國聯合會」理事長期間，就建築產業提出「減少供給、增加需求，健全機制」，為臺灣不動產業界經管的困境推動多項創意興革。

　　除了在營造、房地產市場做得有聲有色，其他領域也多所著墨。2008年，他聯合東森房屋、元利建設機構、嘉磐建設等買下國光客運；2009年接手富邦金持有的龍麟建設股權，成為臺北東區規模最大都更案「正義國宅」的主導者。

　　以營造起家事業版圖跨足客運，銀行、生技，電子業的王光祥總會長，2012年獲選為傑出校友，其在營造工程的卓越成就及公司治理的傑出表現，2020年獲頒國立臺灣海洋大學工學名譽博士。

教澤廣被海大典範

我敬愛的張清風校長即將卸任，從他身上我看到身為一個大學校長所展現的風範及影響力，他連結起海大師生及校友的感情、凝聚了全體海大的認同，逐步帶領海洋大學走向一個更嶄新美好的未來。

2016年我有幸當選了海洋大學的傑出校友，校長親自前來辦公室恭喜我，一般來說，當選的事情直接透過公文進行告知即可，但是校長卻親自前來拜訪，我實在意外，也讓我感受到校長的誠懇以及對校友的尊重。在接下來跟校長的交談裡，我更是感受到他滿滿的熱情，不管是校務的推動，還是搭起母校與校友之間情感的連結，他都有很完整的想法及具體規劃，彷彿胸中有一幅偉大而美好的藍圖。在知道我特殊的求學經歷後，他邀請我作為當選代表，請我在校慶表揚大會中致詞，跟學弟妹分享我的人生經驗。這樣的校長讓我印象非常深刻，這是我跟校長的第一次正式見面。

第二次跟校長見面，是他來跟我講有關國光號是否可延駛直達海大的事。當時，海大學生宿舍因為年代久遠校舍老舊，因此必須進行整修工程，整修期間學生不能住宿必須通勤，導致往返臺北基隆的學生通車人數變多。校長知道我是國光號最大的股東，便前來請我幫忙，商討是否讓國光號客運可延駛至校園。校長這種為學生著想的精神很令人感動，事實上他大可不必參與這件事，但他卻毅然決然挺身為通勤的教職員生謀福利。受到校長的感召，我覺得即便是虧本也勢必要鼎力相助，雖然接下來在申請路線的細節處理上碰到許多難題，但在大家鍥而不捨的努力下，2016年9月13日在學校舉行了通車典禮，造福許多海大的師生。

第三次見面，校長前來請我擔任校友總會的總會長職務。原本考量到我手上其實許多事務相當繁忙，也沒有做過總會長的經驗，為避免耽誤會務進行，我當下是推辭的，但是校長鍥而不捨希望我答應，跟我說只要掛名就好，接下來他跟我說的話，更是讓我印象深刻。我記得那時他表示，校友總會一切的事情會由祕書長全力處理，會務也會有學校的行政人員（校友中心）協助，我疑惑祕書長是誰？校長說祕書長就是海大的莊季高副校長！我十分訝異也十分敬佩。校長是如此重視校友總會這個團體，傾盡全力支持校友總會的會務進行，這是我在別的學校未曾聽聞的。

　　這三次的見面以及之後無數次的相處互動，我覺得校長是個充滿熱情與理想的實踐家，他除了有理念有想法之外，他更會將這些想法付諸實行。他自己本身也是海洋大學的校友，他比任何人都熱愛海洋大學。從他身上我看到一個人投注在自己喜歡的工作所展現出來那種專注，那種令人為之動容的精神。

　　其實和校長前幾次的見面，我原本都以為他會跟我提募款的事，但是一次也沒有。第一次是恭喜我成為傑出校友並邀請我為校慶致詞，向學生分享我的人生經驗。第二次是希望我可以協助學生的交通問題，第三次是請我擔任校友總會的總會長，可以說這些事情的出發點都是為了學生、為了學校。我認為校長確實是位偉大的教育家，他做的許多事都是以學生為本，以學校為本。除此之外，校長有很強的執行力，經營學校跟經營公司一樣，肯定會遇到許多難題與困境，這往往會使決策者裹足不前、舉步維艱。但清風校長總是不屈不撓努力克服，有著雖千萬人吾往矣的氣勢與魄力。

後來，在一次校友總會的會議中，有理監事表示，海洋大學有許多傑出的校友在各個領域發光發熱、貢獻所長。我們應該邀請這些校友回校演講，將自己求學與在產業的經驗向學生分享。這樣的契機下，有了「傳承與創新——王光祥講座」這堂課，2020年已經是辦理的第二年，開課的過程中，校長給予我們許多建議，使得我們更加嚴謹規劃，注重細節安排，更希望參與講座課的同學們能有所收穫。在校長身上我們又再次學習到他對校友的尊重與重視，我也秉持校長的精神，無論多忙碌，每堂課一定出席並親自向演講老師致意、也對學生勉勵。校友總會辦理的王光祥講座很成功，校長的功勞是最高的。

　　在張校長任內的這八年，海大的改變是有目共睹的，在軟體、硬體方面都爭取到許多資源，新增許多科系，校園景觀美化，增添許多人文氣息，學校各方面都愈加完備，還有為了進一步深耕，母校成立馬祖校區。有清風校長在的地方總是充滿熱情活力，整個校園氣氛是熱絡的，校園文化是開放的，而師生的互動更是融洽。

　　一個學校的最高長官對校務推動盡心盡力，這樣的精神也會帶動校友對學校有更多的認同，也深深的影響了老師與學生，大家有一個共同的目標，就是希望海洋大學愈來愈好，我很感謝清風校長帶起這樣的風氣，母校更上層樓，身為校友，我也與有榮焉。做為一個大學校長，他樹立了一個良好的典範，是一個永遠的榜樣。校長雖然卸任了，但是他的精神會永遠留在大家心中。最後我想祝福他並跟他道謝，祝福他卸任後的生活依舊優游在他最愛的海洋，謝謝他帶給海洋大學的一切。

洪英正

聯興國際物流股份有限公司董事長
中央貨櫃倉儲股份有限公司董事長
海大校友總會創會理事長
海大基隆校友會榮譽理事長
財團法人海鷗春陽文教基金會董事
2009年海大傑出校友

69 航管　71 海法所

　　洪英正創會理事長，69級（1980年）航運管理學系、71級（1982年）海洋法律研究所。畢業後任職美利堅輪船公司（U.S. Line）。1999年創立「聯興國際通運股份有限公司」承攬基隆港碼頭裝卸業務，期間於基隆港東岸碼頭引進貨量，協助發展基隆港營運量，於2007年締造歷史新高作業量。

　　事業有成亦熱心助人，洪英正學長擔任臺灣商港事業發展協會創會理事長期間成功作為政府與業者橋梁，替業者爭取相關權益，且擔任基隆扶輪社社長時，進行多項基隆援助計畫。洪英正學長對於海洋大學的捐助活動皆積極參與，並提供實習機會予海大學子，拔擢海事人才。

一個接地氣又有魔力的大學校長

那一年英正作為校友總會總會長，很榮耀與張校長一同出席馬來西亞校友會，我永遠忘不了那天的場面……。

時間拉回到2016年3月12日在吉隆坡，由馬來西亞校友會所舉辦的第一屆馬來西亞校友會海大之夜活動，當天下午六點半不到，八打靈喜來登酒家大廳已是黑鴉鴉的五、六十桌擠得滿滿的，這樣的沸騰盛況在臺灣只有海大校慶辦桌的等級可以比擬，海大馬來西亞校友會凝聚力這麼強，這是我開了眼界前所未見的。當時擔任的馬來西亞校友會祕書長的鄭聯華學長告訴我，現場有些校友是「攜家帶眷」從大老遠開跋來參加的，這是因為馬來西亞境域遼闊（約臺灣十倍大），為了參加這個校友聚會，最少要耗費三天兩夜的路程，較遠途的校友乾脆全家出門來個短程旅遊，從此以後，參加海大校友會變成大馬海大校友家庭期待的「年度盛事」。

我問：「什麼時候馬來西亞的校友會這麼熱鬧？為什麼？」聯華說，「海大馬來西亞校友會本來就有基礎，自從2012年張校長上任後，積極籌組大馬校友會，希望把當時留臺的馬來西亞校友凝聚起來，同時校友會也協助招募當地優秀的僑生成為海洋子弟，大馬校友會可以說是張校長帶動激發出來的。」我心裡想果然這就是張校長的「帶動激發」，也可以說是「受張校長熱誠所感動」。

他的熱誠超乎常人的一般想像，在校友活動中揮汗如雨地全心投入，誠懇地向在場所有的校友、寶眷報告母校的發展成長、逐一感謝校友對學校的支持、揮著校旗帶動大家一起大聲唱出校歌……，那種魔力就像布道

涓滴成流

大會上的傳教士，帶領著現場的大家沸騰著愛海大的心，我們都深受感動得接受他、跟隨他。

從2014年為海大籌組校友總會到2017交棒給王光祥總會長，英正前後四年服務校友總會，期間與張校長就近相處機會較一般校友為多，發現各地校友及各系所校友只要有活動，不分國內外，張校長幾乎竭誠參加無役不與。大多數的校友和英正一樣深深被張校長的熱誠所感動，他的付出是那麼地熾熱而真實，我看到他因全力的投入而精神昂揚、鍥而不捨、不知疲累，因此這八年來海大和校友都動起來到空前的盛況，各項建設和成果也隨之應運而生。他因為藉助校友圈深入了解各領域的產業、社會現況與脈動，進而作為母校教學及發展方向之補強與調整，接地氣又劍及履及的執行力，也讓校友們折服地不禁拍手叫好。

「一個人的熱誠真的可以那麼有感染力？」我的回答是：「Yes！」

當然，張校長任內有這麼傲人的成績，治校團隊和校友會的支持也是功不可沒。而我要說的是：「七十分力是一般人處事的用力標準，可是當您遇到張校長後，您會被他的魔力催眠用上一百分，那隱藏三十分也被激發出來。」

這就是我認識的「張清風校長」，

因為他有「魔力」，

而「魔力」來自於他的「熱誠」。

林光

沛華集團創辦人

海大前副校長

海大名譽教授

榮獲教育部教育文化專業獎章

海大校友總會顧問

2008年海大傑出校友

59 航管

愛校至深的林光老師（左）是張校長尊敬的大學長。

林光老師，59級（1970年）航運管理學系畢業。沛華集團創辦人林光老師，1977年回母校任教，人生中有大半輩子的時間完全貢獻給航運及海事教育，在海運界更是桃李滿天下。林光老師與夫人王素貞女士打造沛華沛榮國際航運與物流有限公司，公司穩健的發展經營，而且不斷的締造新猷，同時進入天下雜誌調查全國五百大服務業之一。

　　林光老師曾擔任海大航運管理學系主任兼所長、海運學院院長、海大副校長、中華航運學會、中華海運研究協會理事長，每年出錢出力舉辦國內、兩岸、臺韓及國際海運或物流研討會，也身兼校內外多項運動與藝文之領隊或顧問。

　　林光老師於94年成立「財團法人沛華沛榮教育基金會」，除捐贈航管系「沛華及沛榮集團獎學金」，更與海大合作成立「沛華航運物流管理學院」，作為航運知識與實務人才培訓教育的平台，希望藉此提升航運經營高階主管人員之視野與概念。此外，在校務發展上，大至館舍修繕新建、辦理講座研討會，小至學生社團及校隊活動、教職員社團活動等，都可以見到林光老師以本人及公司名義默默捐持母校。

　　在三十多年的教育生涯中，所有的薪資全數捐獻出來幫助弱勢學生，甚至連退休金也都貢獻在海事教育上，積極協助政府推動海事教育改革，提供獎助學金培養兩岸海運後進，提升航海教育水準。在林光老師榮退之際，捐建沛華大樓回饋母校，無私的奉獻深受學界及業界的景仰，因此榮獲教育部「教育文化專業獎章」的肯定；林光老師深愛母校海洋大學，也是海大第一位億元捐資的超級校友。

海洋是我們的母親

　　我最先認識張清風校長是在黃榮鑑校長的時代，他時任教務長，而我在海運學院當院長。為了航管系新聘教師的名額去與他商量，我幫航管系要四名，他說他只能給我三名，怎麼談都沒有用，非常tough。

　　後來我當了副校長，他到國科會去當副主委，不久我辭去副校長的職務，但是李國添校長一直挽留我，這中間拖了半年，李校長最後跟我說：「如果你真的不繼續接任，我就要趕快聘請張清風教授，否則張教授一定會被其他的學校挖角，因為他在他的專長領域表現得非常傑出。」所以，張清風校長終於回到學校接任副校長，從此向上爬升，選上了海大的校長。

　　今年他將卸任，前後八年，在這八年我與他相處甚歡，當然我也像一些教授一樣和他有些理念不合，但我總不願意與他為敵，這就是中國官場所講的：「你要是與你的長官不合，那你就掛冠求去。」但是，我在海洋從學生時代到退休，將近半個世紀，所以海洋是我的母親，我捨不得離開她，所以我不會扛著反對的旗子與張校長有所衝突。

　　張清風當上海洋大學的校長，我看到他首要的任務就是到處募款，因為他的學術地位已經到了頂點，海洋大學的經費真的是不足，從當初的海專改制到今天的大學，學校除了經費不足，校園的用地有限，所以擴充校地及募款變成張校長的首要任務。所以這下我也變成「受害者」，因為張校長每一次看到我就會要求我捐款給學校。

有一次校慶，我回學校參加慶祝大會，會後我同我的祕書到餐廳吃飯，張校長看到我就湊過來聊一聊，他告訴我：「某件工程尚缺數百萬。」我答應他捐200萬，但是他竟然能夠一直把我凹出300萬，張校長的任內我捐了不少錢，因為感於他的認真募款，非常難以拒絕，所以每一次碰到他遠遠的走來，我就趕快轉向。

　　今年他就卸職，八年來他非常認真於校務，不過我開玩笑的講，他真的把他的部屬給累壞了，從他的外表你不會看出他有那麼多豐沛的精力，而且他的個性是非常耿直，擇善、擇惡都固執，在他退休的前夕，我永遠祝福他平安、健康、快樂！

宜蘭縣國立臺灣海洋大學校友會

　　宜蘭縣國立臺灣海洋大學校友會成立於2006年6月18日，創會會長鄭讚慶理事長（90級河海工程學系碩士、100級材料工程研究所博士），第二任理事長王坤池學長（61級輪機工程學系），至現任陳國棟理事長（94級航管EMBA），宜蘭縣國立臺灣海洋大學校友會發展迄今，校友會會員人數已百餘位，一路以來校友會凝聚著校友們的向心力，帶領宜蘭地區校友積極參與學校活動，熱心協助母校各項發展。

圖為2020年1月18日海大宜蘭校友會於宜蘭縣員山鄉棗稻田休閒農場，舉辦第五屆第二次會員大會大合照。當日張清風校長、許泰文副校長及莊季高副校長與校友中心同仁出席會議，感念宜蘭校友會對母校的熱心協助與支持。

海洋的舵手

寂靜的霧，海水來了
洄流的海，船也即將入港

那年我們對著這片大海，奮力地說
夢想，啟航吧！

偉大的領航員，你說
天空很大，我們在世界的航道上
不作擱淺的雲
礁岩荊棘，總也能激起最美麗的浪花
一如黑潮帶來的養分

美哉，海大
龍崗蔥蘢沐春風，林蔭下
滲入的陽光
在青春的臉龐稍作眷戀
想像那時空旅人
穿梭在，來自海洋所有的亙古

遠行的船隻，終將靠岸

沉積在港灣是海風揮不回的去向

總有鳶鷹盤旋

在校園與潮汐間，深踩的足跡

是老船長鞋底不捨的泥

也是那最美的詩句

此刻，在這充滿多雨的地方

夢，抵達了

就讓我們抓起一把海風

放在掌心，嗅嗅

創作人：宜蘭羅東高工老師　謝祥昇（90材料所）

海大宜蘭校友會理事長陳國棟（94航管EMBA）與全體會員

趙浩均

領袖公關有限公司專案人員

海大之友

　　淡江中文系，曾在不同領域任職，習以文字描繪世界，現為自由工作者。

　　曾服務於榮嘉藝術基金會、政治大學、大舟遊艇等，多年前因接下教育部委任採訪當年學術獎及國家講座得主，因而結識張清風校長，是因採訪延伸的美好緣分。

　　母親林妙影為銘傳大學新聞組組長，曾於擔任教育部高教簡訊主編期間，採訪當時海大教務長張清風訪談教學卓越計畫，並於2015年銘傳校刊專訪張校長暢談治校理念。因工作使然，讓兩人都巧合地和張校長結下了文字的情誼。

趙浩均小姐（左一）於2020年5月5日到校訪問張校長（中），與王光祥講座上課師長合影。

大無畏的船長

2004年張清風校長榮獲教育部第48屆學術獎殊榮，當時他接任海洋大學教務長近兩年時間，在繁重的行政工作中仍未懈怠教學研究實驗，那股全力投入的拚勁是當時我和張校長接觸時最深刻的印象。

多年後再見到張校長，已是即將卸下八年的校長重任前夕，全力投入的力道並未緩減，更伴隨著一股對海大的自豪感。張校長細數著這幾年完成的校園藍圖，以及各項仍待完成的計畫，他說：「我對學校有責任，不能要卸任就鬆懈。」從校園花圃的設置、校園行車安全距離到建築物碑文的撰寫，張校長對學園的一草一木信手拈來如數家珍，言談中滿滿都是對學校濃厚的情感。

說話快，走路快，腦袋中似乎總有源源不絕的想法創意，不僅點子多，執行力也驚人，這是張校長給很多人的第一印象。而對海大來說，張校長似乎更像是大無畏的船長，不依循走著前人的航道，拒絕「以前都是這樣做的」說詞，將目光放得更長遠，引領著海大在海洋領域不斷深耕進化，讓海洋大學的旗幟在海中變得更為閃亮。

在八年中張校長憑著行動派作風，將原本保守的校園作風翻了好幾轉，大至開拓馬祖桃園兩個新校區、成立海洋人文領域的系所、開發校園建設、拓展通識人文課程，小至校門招牌、校園海洋意境重塑及重訂系所簡稱等，都在他的校園藍圖中一一達成了，因為他說：「我要對得起這些學生。」

跟著校長走在海大校園裡，都能聽到迎面來的學生此起彼落「校長好」的招呼聲，在自由的大學校園中，怎麼會有這麼多學生都認得校長？原因無他，幾乎以校為家的張校長經常回家晚飯後又回到學校，或去學生餐廳、圖書館，更甚者直接跑到宿舍敲門，和學生聊天關心他們的生活和念書近況。剛開始時很多學生不認識他，還有海大學生在校園社群網站Dcard上發文提醒同學「最近常有一個怪老伯在宿舍附近自稱是校長，請大家小心。」笑翻一票海大同仁，也著實見識到校長行動派的作風。

　　從剛開始的陌生，到後來海大同仁和學生已經習慣可以在校園中隨處看到校長身影，更有同學在Dcard版上自豪地說：「其他學校可能只有校園活動、新生入學和畢業典禮可以看到校長，但在海大可以看到校長無數次。」張校長事必躬親的態度也從很多小事可見端倪，如剛開始改建學生餐廳時，口味與價格曾引起抱怨，於是張校長幾乎天天到餐廳和學生聊天了解問題所在，也在無形之中贏得學生對學校和校長的認同。

　　海大以前給外界印象多停留在以工程自然科學為主，在人文科學領域相對則較弱勢，張校長看到了這個隱憂，也深知未來是跨領域時代，因此在初上任時隨即著手規劃，增加以人文社會科學領域為主的八系八所和一個學院，如海洋觀光、海洋文創設計、海洋經營管理等，讓海大科系更為多元豐富，校園男女比例也更平衡。張校長意識到在未來時代科技勢必需和人文結合，而跨界的媒合才能產生更全面的貢獻。

　　張校長認為大學除了教授專業知識，人文養分的培養不因理工大學的體質就故步自封，因此除增辦海洋人文系所，更將通識中心升級為一級單位「共同教育中心」，從組織、專兼任老師和課程面著手，邀請人文藝術

領域專業人才進入校園，同時創辦海大海洋文學獎等，儘管剛開始推行時在校園中遇到很多保守聲音反彈，張校長並未退縮，一一耐心協調溝通。他說：「人文社會科學是讓海大邁入下一階段重要的基礎。」雖然中間會有陣痛期，且人文的養成本就是一種長期潤澤無聲的滲入，沒有立竿見影的成效，張校長仍然抵住了那些反對，堅持這就是海大未來要走的方向。

「大學就是以學生為主體。」張校長直言辦一所令人感動的大學是他接任校長以來一直不忘的初衷，大學除了提供學生專業知識，通識教育也是重要的一環，培養人文關懷的態度，有更好的生活品味和奠定藝術欣賞能力，這些看似和專業知識無關的領域，卻是能作為學子們奠下人格養成的豐沃土壤。

細數這八年時間，在少子化、教育資源短缺的現況下，張校長大膽著反其道而行決定開拓新校區，除基隆校區外，將海大觸角延伸至桃園觀音校區、馬祖校區，而學生人數從初就任時的8,100人現已達至8,800人，學生人數的增加無疑就是對學校最大的認同，也消除了當初擔心新校區會減弱校園資源的各方疑慮。此外海大並和新北市政府合作在貢寮設立海洋研究站，並自109學年度起「國立基隆高級海事職業學校」將正式改隸為「海大附中」，並設立海洋科技人才培育實驗班，表現優秀學生可進入海大相關科系。在校園建設中，海洋生物培育館、聲學實驗中心、電資暨綜合教學大樓、木蘭海洋海事教育大樓，以及馬祖校區由多位校友捐款興建的王光祥暨海大校友國際學舍等多項重要校園工程都已竣工或進行中。

從求學時代到國外留學後就返回海大任職，張校長人生超過一半歲月都在海大度過，他真誠地說：「這裡是培養我、養育我，讓我發光發亮的

地方，既然學校交到我的手上，就一定要發揮最大力量讓海大成為全球在海洋領域最完整的大學。」

要怎麼翻轉海大，才能使之更亮麗，內涵更厚實，讓學生更認同，校友凝聚更強，同時保存海洋特色，這些目標一直存在張校長心中，也是他在校長任期中努力的方向，他說：「每個大學都要有它的個性，雖然海洋在臺灣是弱勢，但這正是我們的文化特色，所以更要努力翻轉這些觀念，這也是海大責無旁貸的責任。」

張校長踏實的態度打動了很多目前在各領域舉足輕重的海大校友，除相繼支持投入校園建設發展，校友總會更舉辦「跟著總裁前進世界」講座課程「傳承與創新——王光祥講座」，每週二邀請各領域傑出校友回校演講，將寶貴的人生經驗分享給學弟妹。因為感受到張校長為海大付出的心力和成果，校友總會還特地舉辦張校長的卸任籌備會議，密謀要送給校長的卸任禮物，為保持驚喜感，總會理事長王光祥更特地言明「這次校長不能參加會議」，無形中流露出校友和學校、校長之間不言而喻的情感。

因為童年困苦的生活環境，讓張校長曾立下「長大後要蓋一座圖書館」的志向，儘管日後走向學術領域，但張校長一直未曾忘記兒時這個想要盡情看書的願望。他將這樣的心願投注在海大校園中，先是改善圖書館各項硬體設備，並將原本陳舊的地下室自習空間重新打造為「全興書苑」，以提供學生明亮的讀書空間；此外，在2019年底將原本是校園兩棟大樓之間的連通走廊，搖身變為「宏廣書屋」，採校園複合式書店模式，除了販售圖書文具之外也提供咖啡輕食。

只要走進書屋，基隆帶點暖意的陽光都能從屋頂的彩繪玻璃中穿透灑落到餐盤和書上。誰能想到當初陰暗老舊還偶爾漏水的閒置空間，現在儼然已成爲全校師生最愛聚會的地點。雖然念書本就是學生該盡的本分，但「提供舒服的環境讓學生得以在學校安心念書，這就是學校的事了。」張校長認眞地這麼說著。

　　有時突然回想起這八年的過程，這位總是領頭向前衝的總船長才會終於稍微放鬆下來鼓舞同仁：「我們已經做的比預期還要好。」語中難掩自豪。詢問這一路披荊斬棘得以成功開拓的祕訣爲何時，只見他認眞思索後慢慢回答：「我想，只是因爲眞誠而已。」

林妙影

銘傳大學祕書處新聞組組長
主編銘傳一週、銘傳校刊、銘傳文藝、銘傳校友等專刊及負責校園新聞公關等媒體事宜，主辦銘傳文藝獎競賽

海大之友

　　林妙影組長在兼職高教技職簡訊主編期間及在銘傳校刊中，都曾專訪過張清風校長，報導他在推動卓越教學、戮力治校、傑出研究等事蹟。

　　趙浩均小姐是林妙影組長的千金，十多年前母女倆因合作採訪教育部學術獎得主而結識了當時是海洋大學教務長的張清風校長，趙浩均小姐當時為張校長撰文〈為生命蓋一座圖書館〉，讓人感動，而張校長也將此文放在他海洋分子生物研究室（Molecular Biology & Endocrinology Laboratory）網站中和大家分享；此次浩均應海洋大學校友總會之邀再訪張校長，妙影組長也藉此書信祝福張校長。

問候許久不見的校長

尊敬的清風校長道鑒：

您好 好久不見

距離我第一次採訪您已是近二十年前的事

那時 您擔任教務長 海大獲得教學卓越計畫

您說 是抱著寫博士論文的心情幫學校完成此計畫獎助

之後 您升任副校長 再轉任國科會副主委

再返校升任校長

很欣喜您的努力 讓您一路攀升

在校長任內八年 您的建樹不勝枚舉

凡走過必留下痕跡

我們發現 您不僅在很多校園制度建置和環境改善使力甚深

甚至 您付出很多心力在做教職員生溝通

認真經營FB的平台

在學校經營上 您卓越領導

在學術研究上 您依仍未荒疏 而且持續埋頭研究

終獲教育部學術獎和國家講座肯定

海大校友李崗導演返校拜訪

您請校友總會贊助「時光的手箱舞台劇」

我就是那位幕後推手

因為李崗太太陳煥華是銘傳校友

我帶領他們夫妻拜會銘傳校友總會理事長顏瓊姿

顏理事長是基隆顏家望族

現任互助營造和老爺酒店董事

顏理事長當場贊助30萬元　並問李崗您哪裡畢業？

促成李崗隔天就訪海大

再度獲得海大校友30萬元贊助

李崗說　這是善的循環

李崗是忠厚的文化人　對社會充滿使命感

4月7日　我看到大聯大友尚副董事長曾國棟也是海大校友蒞校演講

（傳承與創新──王光祥講座）

他的夫人黃瑪理也是銘傳校友

他們創立友尚時我們還進行採訪

總之　我們即使未聯繫　但有很多的友人連結

因為採訪的機緣

小女浩均得以在您退休之際

再次應邀著墨撰稿

這是人生何等的機緣

讓我們再次串聯

浩均昨晚和我及外子德隆分享
您這些年所作的點點滴滴
浩均很佩服您 很高興藉由採訪深度認識您

那美好的仗您已經打過
未來您可全心投入學術
海大 有您很深的烙痕 是您的家 一輩子的家
這份美好將陪您一生一世
衷心祝福您：
健康愉快！

林見松

總統府國策顧問
世界臺灣商會聯合總會榮譽總會長
海瀧船務代理股份有限公司董事長
Pier DC Pty Ltd.-Perth董事長
榮獲澳洲維多利亞省多元文化貢獻獎
2007年海大傑出校友

68 航管

　　林見松學長，68級（1979年）航運管理學系畢業。退伍後進入港口代理公司、船務代理公司任職。林見松學長於1988年自行創業，成立「海瀧船務代理股份有限公司」，1996年移民至澳洲墨爾本，成為臺、澳兩地國際船務代理公司。

　　林見松學長對於協助臺灣民間外交事務貢獻良多，他於世界台灣商會聯合總會第廿三屆總會長任內，首創「臺商經貿投資白皮書──越南篇與泰國篇」的撰寫，提升海外臺商在僑居地的能見度與影響力。

　　林見松學長在107學年度起於海大開設「傳承與創新──王光祥講座」，邀請各領域傑出校友回校演講，透過通識課程，將其奮鬥過程、人生態度與學弟妹分享，開課兩年來已有285位同學選修。此外，林見松學長更於海大設有「海瀧船務代理股份有限公司英文獎學金、大學獎助金、優秀碩士論文獎學金」等，對提攜海大後進不遺餘力。

Super Sales · 唯一才能第一

　　海大多年來培育出許多在政經商界各領域傑出優秀校友，他們豐碩的學經歷值得讓在校學子們學習他們的人生經驗與工作上的經驗傳承，於是在張清風校長和海大校友總會王光祥總會長大力促成下，校友總會107學年度第二學期起開設博雅通識課程「傳承與創新——王光祥講座」，兩年來一直受到在校學弟妹們的熱烈選修；不論校務公事有多繁忙，在海大學子口中的「清風俠」張校長固定每週二下午必定出席，與學弟妹們聆聽講座。

　　張校長就任以來，一直以「唯一才能第一」特色興學，除了追求學術卓越化外，更以讓海大走向更國際化和多元化的「Super Sales」自居，譬如馬祖校區的設立、未來海洋委員會北部區域研究中心的設立等，讓海大成為臺灣唯一在海洋海事領域的最高學府，更是國內外不可或缺的海洋產業大學。

　　再次感謝張清風校長多年來為海大的貢獻與付出，期盼他退休後也能繼續跟大家分享他精采豐富人生。

李曙光

建華海運股份有限公司董事長
建華國際實業股份有限公司董事長
漢福股份有限公司董事長
榮獲第五十八屆航海節模範航港從業人員
2013年海大傑出校友

66 航海
103 航管 EMBA

　　李曙光董事長，66級（1977年）航海學系、103級（2014年）航運管理學系碩士在職專班畢業。於高中、大學期間身為臺灣籃球明星的李曙光學長，畢業後選擇褪下籃球明星光環，赴遠洋船上任職，因工作嚴謹、勤奮深受賞識，逐步升任大副、船長。航運經驗豐富的李曙光學長，於1994年1月1日創立金亞海運，1997年更名為福海航運，並於2007年再更名為建華海運股份有限公司。

　　李曙光學長經營臺、港、中貨櫃航線達20年以上，於兩岸航運界成就非凡，為感謝母校師長栽培，特以建華海運為名，成立獎學金，自2013年起每年捐助建華海運獎學金、支持大學生短期出國進修計畫、支持校務發展等，頒發獎學金已達416萬元。此外，身為亞青盃籃球國手的李曙光學長，亦熱心參與海大籃球運動，慨捐逾58萬元。每年獎學金頒獎典禮都由李曙光學長親自出席頒發，並分享職場經驗，勉勵莘莘學子。

不凡　清風

　　憶高中時代15、16歲時，初讀論語為政篇，子曰：「君子不器」（孔子說，君子不能像器皿一樣，只有一種用途。意旨要做心性高、器局大、能夠通瞻全局的人才。）當時雖經授業老師的解釋，卻僅是表面朦朧的認識與認知。唯2012年後近距離的看到張校長清風博士所作所為後，才豁然開朗，原來這就是「君子不器」。

　　有道是「清風徐來，水波不興」，這句話對於國立臺灣海洋大學校長張清風博士似乎是不適用的。然則「清風陣陣，初似無痕，漪漣推波，蔚為壯觀，堅忍耕耘，心在海大，躍進精進，處處不凡」才是我所認識的張校長，八年帶領海大的寫照。

　　張校長在國立臺灣海洋大學的前身，臺灣省立海洋學院水產製造系就讀（1971～1975）時，高我一屆，我當時讀航海系（1972～1977），由於不同系，加上我個人外務多，天天與籃球為伍，故與那時的張學長交流接觸不多。2012年張校長甫接任海洋大學校長不久，在沛華集團創辦人林光老師舉辦的海運界聯誼會上再遇到張校長，因而再續前緣，得以重新結識。

　　我所認識的張校長活力無限、熱情充沛、才思敏捷、劍及履及，學習與吸收能力超強，令人佩服不已。猶記張校長剛上任時對海運稍微陌生，但他積極接觸海運界，未久即有海運行家之功力，頗讓人激賞。每每參與或舉辦國際海運方面的會議，都能替海大爭光，為臺灣添彩！讓海大讓臺灣在國際間知名度得以提升。

張校長的熱忱奔放，讓無數海大校友為之動容，尤其是資深型及隱士型的校友們更是為之感動，進而眾校友們對母校的向心力、歸屬感大大的增加。海大在張校長充沛活力帶領下，不僅光鮮亮麗了海大的招牌，更讓海大名符其實的創新與躍進，成就了今日的臺灣海洋大學在國際間於海洋領域中首屈一指的大學學府。略述些如下有目共睹的躍進實績：

1. 原校區更顯眼。尤其在淒風苦雨灰濛濛的日子，北寧路充滿海洋意象的濱海校門，途經很難不發現有一個顯眼的海大聳立在那。
2. 增加了馬祖及桃園觀音兩地校區。
3. 海大附中的誕生。
4. 與臺北科大、臺北大、北醫大結盟為北聯大四校大學系統。
5. 校友總會的創立與積極運作。
6. 擴大海外招生。
7. 學生氣質提升了。

海洋大學整體形象在這幾年內大幅提振，除了在校師長們、學生們、校友們的共同努力外，張校長的領導實屬厥功甚偉。其個人方面又能在杏壇、學術、水產、養殖、航運等領域在國際間享有蜚聲之譽，人生有幾何能在短短的生涯之際，能有此五項全能，五界享譽！若不具有非常人所能及之特質，豈能達成之？斗膽僭越描述張校長個人態度的特色如下：

1. 「做什麼，像什麼」之信念。
2. 工作熱情不墜。
3. 正面、正向思考。
4. 學習及吸收快捷。

5. 思維格局廣寬。

6. 決心及執行力堅強，化不可能為事實。

凡上述，苟若孜孜而為，任何位階、任何工作、任何目標，豈有不能做？豈有不能達成焉？遂能不凡，邁入功成業就。故張校長的特質不僅為我等及後輩們之表率、楷模，更是現代版「君子不器」的具體實證與最佳註解。

張校長卸任之際，匆此為文，不足以表達對其景仰之意。唯盼張校長雖更換人生跑道，仍繼續照亮大家！

楊崑山

SGS臺灣檢驗科技股份有限公司顧問
海大輪機機械系友會榮譽理事長
2007年海大傑出校友

62 輪 機

　　楊崑山顧問，62級（1973年）輪機工程學系畢業。楊崑山學長畢業後進入遠東公證公司（SGS前身），從基層的海事檢驗員一路升任至東亞區營運長暨臺灣區總裁，為SGS所起用第一位當地國家的總裁，負責管理地區包括臺灣、日本、韓國、菲律賓及越南等國家。

　　SGS對於臺灣經濟成長扮演著重要角色，協助廠商順利拓展外銷及提升品質，臺灣許多重大工程的鋼材檢驗，都是經過SGS專業實驗室出廠的品質保證，對臺灣經濟發展有極大貢獻。

相識自是有緣

張校長在海洋大學是小我三屆的學弟，第一次遇見張校長是在2003年，他擔任海大教務長時，我帶著同為海大畢業的SGS高階主管回母校訪問，和他相談甚歡。碰巧SGS有位去訪的同仁，也是水產製造系畢業，曾與張校長住同一學生宿舍，大家更是高興歡欣重聚。

第二次遇見張校長是2009年，他擔任海大副校長，他代表海大參加SGS高雄分公司在楠梓加工區新建辦公室及實驗室的落成開幕典禮，那時我更得知他曾借調擔任國科會副主委，名符其實的學而優則仕，以學術專業，加入國家科技發展的最高領導機構陣容。

再次遇見張校長，更加有緣。2012年，他參加海大校長的遴選，因緣際會，我被推選擔任遴選委員會的召集人。歷經大約四個月的遴選過程，印象最深刻的是在「校長候選人治校理念的發表會」上，張校長闡述了他當選校長後，對學校發展的長程規劃，擬定學校的「願景和定位」，成為國際級的海洋頂尖大學，他宏觀的視野，熱忱的學者風範，展現充沛的動能，順利獲得高票當選海大的新任校長。

時間過得很快，八年一晃就過去。這段期間，我也承蒙校長的厚愛，連續擔任海大的校務諮詢委員，每次聽他報告校務發展現況及各系所的教學成效，都備感欣慰及敬佩，深覺慶幸選對了人選。我眼中的張校長，以創業家及企業家的精神，來經營管理學校，在他八年擔任校長期間，宏圖勵治，擴建校園，包括馬祖及桃園觀音校區，增設系所、提升教學績效，把海大蛻變成為「卓越教學與特色研究兼具」閃耀著活力、創新的海洋頂

尖大學，這可以說是海大學生之幸，亦是我們眾多海大校友的光榮。

我在SGS服務四十二年，響應張校長的號召，SGS各部門也聘用了一百多位海大的畢業學生，並在輪機系開設「SGS講座」及生命科學院開設「食品安全管理暨實驗室認證系統」之課程，以回饋母校，嘉惠學弟妹們。SGS在臺六十週年慶時，出版的《唯真》專書中，張校長也特別寫序給予慶賀和勉勵。在張校長大力支持下，由海大校友總會出版的《風起雲湧──海大人物誌》一書，我亦慶幸應邀講述自己的經歷，拋磚引玉，作為學弟妹傳承的參考。

逢此張校長榮退之際，特寫此文，銘記和張校長認識之緣，並再次感謝張校長對海洋大學的努力和貢獻！

▌ 2012年楊崑山學長（前排左三）擔任校長遴選委員會召集人與委員們會後合影。（楊崑山學長提供）

呂佳揚

嘉鴻遊艇集團執行長

嘉鴻遊艇股份有限公司總經理

鴻洋遊艇股份有限公司董事長

先進複材科技股份有限公司董事長

海大高雄校友會理事長

社團法人高雄市生命線協會理事長

榮獲臺灣百大傑出經理人獎

榮獲航海風雲人物亞洲船舶大獎

2018年第五屆海洋貢獻獎

2010年海大傑出校友

69 造船

　　呂佳揚執行長，69級（1980年）造船工程學系畢業。呂佳揚學長在海大實習期間，對遊艇製造業萌生興趣，退伍後即進入嘉信遊艇任職。呂佳揚學長隨後創設「嘉鴻遊艇」、「鴻洋遊艇」以及「先進複材」，並見證臺灣遊艇代工業從黃金時期至金融海嘯衝擊後的衰退。然而，在呂佳揚學長的帶領之下，「嘉鴻遊艇」不僅一次次度過危機，更帶領嘉鴻遊艇以自有品牌挺進世界第五大遊艇製造出口國之列，同時奠定該集團在臺灣遊艇業龍頭的地位，亦成為帶動臺灣製造遊艇產業的表率，如今更是揚名國際的遊艇製造商。

　　呂佳揚學長除了打造高品質的遊艇，亦致力於遊艇業界的發展，並屢獲國家元首、行政院及經濟部等長官親往視察，同時也積極參與交通部相關部會研商遊艇船舶法修正。呂佳揚學長靠著創新技術，將遊艇產業轉型為高附加價值的遊艇精緻時尚工業，對於臺灣遊艇業發展貢獻良多。

令我們動心的過動校長

1980年從海大造船系畢業後，我如同那時代的大學畢業生一樣，滿腔抱負頭也不回的朝著自己的人生發展而去，哪還會想到離校之後跟母校還有什麼樣的連結。如今回顧過去匆匆的四十年，我從一個實習工讀生到現在身為遊艇集團執行長，創立嘉鴻遊艇以自有品牌在國際市場上衝鋒陷陣，並且可以在全世界的遊艇產業占有一席之地，在海大的養成教育奠定了事業上的基礎。

各地海大校友會的成立讓我認識了許多在海洋相關領域的優秀學長，不論是在航運、物流、養殖、水產加工、漁業、冷凍倉儲、造船、機械相關及公部門等領域都是引領風騷的佼佼者，海大在海洋相關領域開枝散葉，可以說是一個勢力非常龐大的族群。

我因為南區（高雄）校友會的成立而有緣認識張清風校長，一位改變傳統舊思維的學者，清風校長沒有高不可攀的身段，對校友名字記性特別好，與大家見面總是非常熱絡的稱呼每一位校友「大學長」，是一位熱情、風趣而且精力旺盛的人。

很多人認為校長這個職務是退休前的養望中途站，所以應該是蕭規曹隨跟隨前人的腳步走，少做少錯就對了。不過接觸清風校長久了之後發現他有點不一樣，彷彿是過動兒一般地特別喜歡做一些我們傳統上認為是份外的事、堅持自己的理想而勇往邁進，幾乎看不到他有慢下來的時候。譬如主動介紹學生的實習工作機會、積極參與全世界校友會的活動，結盟姊妹校、擴充馬祖校區，成立海大附中等，如果用鞠躬盡瘁、無怨無悔來形

容他對海大的付出應該不為過吧。

我常常在想海大若沒有張清風校長，今天會是什麼樣子？可能學生課業活動照常，校務運作表面看起來可能沒有不同，海大科系入學的錄取分數也可能變化不大。不過眼見現在的海大各項硬體建設已是今非昔比，海大的知名度及各地校友會的資源連結也不可同日而語。然而，這些發生與改變是需要一個中心人物，也就是一個「桶箍」（用竹篾或金屬做成圈形，套在圓桶上，使桶片之間緊固而不滲水）把它整合起來，張校長就是這個重要的圈圈。

教育是百年事業，現今的大學校務發展所強調的是自由、自治與自主。過去八年海大在清風校長的帶領之下，校內發展是多元豐富而不失序、校外整合是寬廣穩重且面面俱到。我認為清風校長的可敬之處在於他原本可以選擇獨善其身，輕鬆過生活，享受校長的清譽，無為而治做一個老好人。但他寧願選擇一條辛苦的道路——「雖千萬人我獨往也」，為開創不同的格局，克服諸多困難與挑戰一路往前行。尤其是身處於傳統保守的教育體制下，內心一定有許多不足為外人道也的掙扎與辛酸。倘若不是對海大存有一種疼惜與使命感，他大可不必做他可以不用做的事，也不用冒犯其他想法不同的人。無私者如古人所言：「富能富人者，欲貧而不可得，貴能貴人者，欲賤而不可得，達能達人者，欲窮而不可得。」我們的清風校長或者人如其名，如今仍是兩袖清風，衣著素樸，但可以看到的是在他身上所顯現出尊貴與通達兩項特質，他為發展海大的過動讓他廣結善緣得道多助，無私的付出與提攜後輩，已然成為我們學習的典範。

李明清

美國福茂集團Foremost Group前總經理

美國福茂集團Foremost Group資深顧問

2015年海大傑出校友

57 航管

　　李明清顧問，57級（1968年）航運管理學系畢業，1967年高檢及高等考試及格，曾兼任交通大學講師，在臺灣基業公司服務期間，自基層人事船員管理到海運部副總，不辭勞苦，負重致遠。

　　後負笈留美，1981年自紐約州立大學海事學院（SUNY Maritime College）獲得碩士學位，曾於美國數家航運公司擔任副總及總經理，後為福茂集團趙錫成博士延攬擔任總經理，協助福茂集團發展成為擁有20餘艘大型散裝船隊的世界級航運企業。

2015年8月張清風校長赴美演講及拜訪美國福茂集團，特別致贈獎牌給擔任集團總經理的李明清學長（中），感謝他為海大與紐約州立大學搭起學術交流與趙朱木蘭基金會捐資興學的橋梁，榮譽董事長趙錫成博士（左）也開心地見證合影。

2015年8月張校長應美東華人學術聯誼會邀請到紐約演講時，與趙錫成博士（中）趙小蘭部長（右三）及李明清學長（左二）合影。

張校長與美國福茂及紐約大學海院的深情厚誼

我是1968年、民國57年航管系畢業的校友，1979年來美學習後，留居於紐約至今。自忖此期間對母校的發展沒有很關心，直至2015年8月，張校長應美東華人學術聯誼會邀請來紐約（如圖），擔任主題講員，順道訪問福茂海運集團，我陪同趙錫成博士及趙安吉小姐熱誠歡迎，與張校長初次見面。

當時張校長介紹海大近況及遠景，充滿信心和抱負，希望積極的發展，帶領海大成為世界第一流的海洋海事大學，令我們印象深刻，而且十分感動。會後，趙博士吩咐我應以校友的身分，作為海大和福茂的橋梁，給予關心和支持。因此乃有「福茂留美獎學金」的設置，以趙博士夫人的「木蘭教育基金會」提供海大航管系優秀畢業生到紐約州立大學的海洋學院運輸管理研究所進修，並安排實習機會，提供全額獎學金，每人5萬美元，先後已有四位學生獲獎。爾後多次交流互訪，更加深雙方的了解和合作；2019年趙博士再以「趙朱木蘭基金會」名義捐贈美金100萬元支持海大興建「木蘭海洋海事教育大樓」。近年有幸為母校盡點心力，乃從張校長來訪開始，他的熱誠積極治校的領導精神，感動了趙博士、趙安吉董事長與我。

2015年8月14日來訪的那天下午，美東校友會長張國慶同學與我陪同張清風校長、莊季高副校長及校友中心吳瑩瑩主任前往紐約州立大學海洋學院訪問，由校長 Admiral Michael Alfultis 及幾位校領導親自接待，雙方交換校務經驗及發展理念，暢談甚歡，張校長介紹海大現有規模及拓展計

畫，並稱海大的努力目標將建立世界第一流的海洋海事大學。臨走前，Admiral Michael Alfultis 校長稱讚張校長是他所認識最有業務天才的校長。因為我同是兩校畢業的校友，樂於擔任橋梁促成兩校的合作。

2016年10月15日，Admiral Alfultis 校長夫婦以及Bernstein 副校長應邀回訪臺灣海洋大學，參加趙錫成博士及趙小蘭部長臺灣海洋大學名譽博士學位授與儀式，同時簽署「兩校交換學生的五年合作協議」，該計畫迄今執行三年，已有9位學生受益。這也是張校長注重學生國際觀的做法之一。

順此一提，據知張校長夫人孫藍天教授亦是位虔誠的基督徒，賢淑聰慧，常為張校長禱告，也許這是張校長在任何服務崗位上，都很盡誠敬業的努力和成就原因之一吧！祝願他們夫婦將更蒙主恩！

趙錫成

美國福茂集團創辦人暨榮譽董事長

紐約聯合國國際航運名人堂

榮獲美國紐約艾利斯島傑出移民獎

榮獲星島日報終生成就獎

榮獲亞裔就業服務工商協會傑出成就獎

榮獲國際領袖基金會終身成就傳承獎

榮獲第六十二屆年度奧爾傑傑出美國人獎

榮獲美國華人博物館傑出家庭傳承獎

2019年第七屆海洋貢獻獎

2016年海大名譽博士

105 名譽博士

　　趙錫成博士，1964年創立福茂航運公司，擔任董事長及執行長，長期經營航運、貿易和金融等領域，成績卓著。在國際航運領域是享譽國際的知名企業家，因此在美國獲贈「華人船王」之美譽，也因一生貢獻航業，2004 年在紐約聯合國被列入「國際航運名人堂」。趙錫成博士熱心慈善及教育活動，一生貢獻航運業，受到許多職業性及社會性的褒獎。

　　趙錫成博士與夫人一生致力於慈善公益，對培育後代人才也不遺餘力，夫妻兩人自奉節儉，但是捐資助學總是義不容辭，慷慨解囊。趙錫成博士為了提升臺灣海洋海事教育的國際競爭力，及鼓勵年輕學子學以致用於海洋海運為志業，除了設置「木蘭獎學金」提供海大留美學生學費及實習機會外，更挹注100萬元美金捐資木蘭海洋海事教育大樓興建經費，期望提供更好的教學研究空間，藉此擴大海洋海事教育的發展能量，嘉惠更多的師生，捐款迄今已逾1,174萬元，期許未來同學日後學有所成，貢獻社會國家。

趙小蘭

美國聯邦政府運輸部部長
榮獲美國十大傑出女青年
榮獲美國聯邦移民局傑出新美國人獎
2016年海大名譽博士

105 名譽博士

　　趙小蘭部長，美國現任聯邦運輸部長，資歷橫跨政商學及非營利組織，包括美國銀行、和平隊團長、聯合勸募總裁、保守派智庫傳統基金會資深傑出學者，亦曾任美國政府勞工部長，是美國內閣中首位亞裔女性以及首位華裔部長。

　　趙部長除肩負全美陸、海、空交通管理及戰時運輸調度外，也執行現任美國總統川普擴大投資美國「策略性基礎建設」重責大任。

2016年10月15日臺灣海洋大學63週年校慶，校慶典禮同時頒授現今美國福茂集團榮譽董事長趙錫成先生（右2）與美國現任聯邦運輸部長趙小蘭女士（左2）父女兩人海洋大學名譽博士學位，前總統馬英九（中）及海大傑出校友時任立法院蘇嘉全院長（右1）都應邀出席致詞及見證。

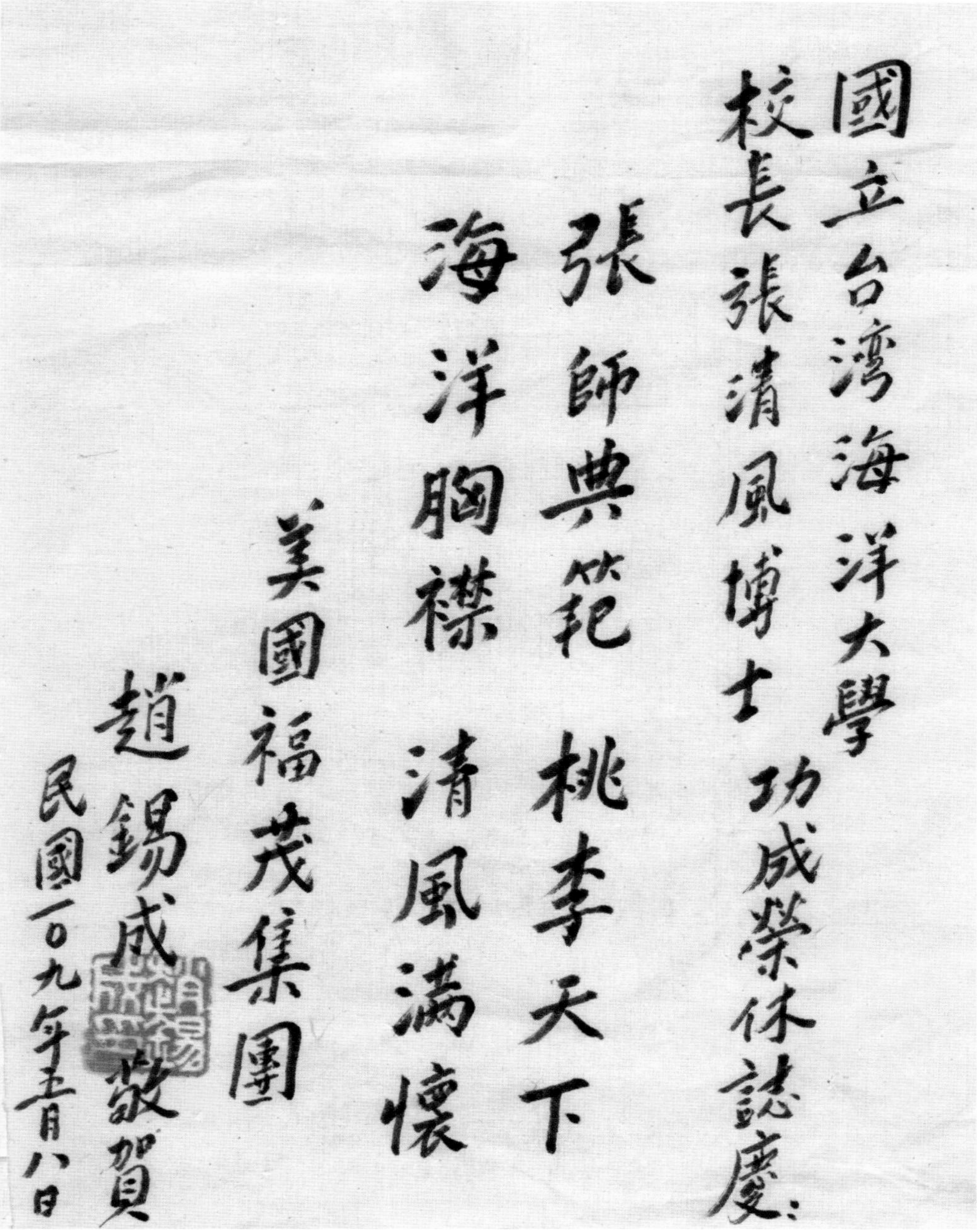

國立台灣海洋大學

校長張清風博士 功成榮休誌慶：

海洋胸襟　清風滿懷

張師典範　桃李天下

美國福茂集團

趙錫成 敬賀

民國一〇九年五月八日

THE SECRETARY OF TRANSPORTATION
WASHINGTON, DC 20590

May 3, 2020

Professor Chang, Ching-Fong
President
National Taiwan Ocean University
No. 2 Beining Road, Zongzheng District
Keelung City 202, Taiwan (R.O.C.)

Dear Professor Chang:

Congratulations on your upcoming retirement! It is a time well-earned after a lifetime of service and contribution.

My father, Dr. James S. C. Chao, and I still remember so vividly our visit to National Taiwan Ocean University on Saturday, October 16, 2016 and your kindly conferring upon us the University's honorary degrees. It was very impressive to see the VIPs, administration, faculty and students in that large gathering.

Growing up, I heard a great deal about Keelung as my father's ship was homeported there after leaving the Mainland in 1949. Whenever his ship was in port, he traveled daily from Keelung to Taipei and back, to court my mother, Mrs. Ruth Mulan Chu Chao. Thus, it was especially poignant for us to travel on Zhongzheng Road to visit your University.

We hope that the building named in memory of my beloved late mother, **MULAN Ocean and Maritime Education Building**, the groundbreaking of which my father and youngest sister, Angela Chao, attended on October 30, 2019, under your leadership, will provide inspiration to everyone to selflessly contribute to the betterment of Society, thus reflecting the altruistic spirit of my mother.

Please give my best regards to your family who have supported you in your upward career and who now will finally have the opportunity to spend more time with you. Best wishes to you on the next exciting new chapter in your distinguished life!

Sincerely,

Elaine L. Chao

美國運輸部長趙小蘭特地致信恭賀張清風校長榮退。

李全伶

喜瑞都松柏會榮譽會長
海大美國南加州校友會榮譽會長
美華工程師航太協會榮譽理事長
2003年海大傑出校友

54 河工

李欒復青

前美國加州洛杉磯郡喜瑞都市市長
2015年海大榮譽校友

104 榮譽校友

李全伶榮譽會長，54級（1965年）河海工程系畢業，之後負笈美國獲密西西比大學土木工程碩士，長年旅居加州。李全伶學長事業成就斐然，曾任要職於美國維吉尼亞州政府、知名的麥道、IBM以及波音等公司，還曾經擔任加州喜瑞都市安全委員、都市計畫委員，以及喜瑞都市松柏會會長、海洋大學旅美南加州會長、美華社社長，李全伶學長與曾經擔任喜瑞都市市議員與市長職的夫人李欒復青女士，長年一同熱心公益服務華裔。李欒復青女士除了曾被選任喜瑞都市華人女市長之外，更夫唱婦隨地服務海洋校友，對海洋誼固情濃，2015年獲頒為海大第一位女性榮譽校友。

為感念母校及母系栽培，希望幫助更多優秀的學弟妹就學就業，李全伶學長與夫人李欒復青女士，長年熱心母校校務發展，捐款金額已逾29萬元。更於2019年慨捐美金10萬元整，並以夫妻兩人為名成立「國立臺灣海洋大學李全伶學長及夫人李欒復青女士獎助學金」栽培具有國際視野的優秀學生，於每學年提供獎助學金鼓勵海大河海工程學系、海洋工程科技系，海洋生物科技系與海洋經營管理系等四系優秀學子，期許學弟妹一本學習的初衷，貢獻社會國家。

2019年8月張清風校長赴美拜訪校友，在南加校友聚會中代表學校接受李全伶學長（左）與學嫂李欒復青市長（中）10萬美金的獎學金捐款。

學無先後、達者為師

　　第一次見面是在張校長2013年來美訪問美西海洋校友會接待會上，他直爽而又熱情的談吐，讓我們這群久居海外的校友們耳目一新，由於那次張校長成功地訪問，也促使我在這八年中多次返校、有幸見證著海大的這八年來、在張校長的帶領下，不但在學術上使海大成為世界一流最完整的海洋科學教育學府，更對在校同學們諄諄善誘、讓整個學校充滿蓬勃的朝氣與自信，這是何等可貴的成就，今年（2020）張校長秉於行政規範不能再續任，但他在短短的八年校長任中，秉承諸前輩校長們步伐，讓海大在臺灣的高等教育界上，如驚虹一劍、光芒四射。

　　如今該是我們在這裡向他輕輕的說一聲再見，我們由衷的祝福校長今後能夠在不同的人生道路上，發揮熱力繼續為海洋教育及臺灣美好的前途再添一筆，讓我們所有海大的校友們永遠驕傲的成就。

　　我有幸中學及大學皆為張校長學長，但「學無先後、達者為師」其言也真！

李全伶

我認識的張校長

張清風校長是我這一生最佩服的人之一，他聰明、博學、能幹、爽直、細心又非常熱情，對於學校的教授及學生們更是十分關心愛護有加，每次講到海大就兩眼發亮，因為他的這些人格特質賦予了他一種特殊魅力，讓許多原先看來不可能的事最終得到成功。

我常和我的朋友講，如果有一天張校長可以做到教育部長，那也是全臺灣學子們的幸福，他的熱情、幹勁以及大公無私的精神，可以影響許多人，更可以提升整個臺灣教育及社會的活力。我祝福張校長能更上層樓、造福社會。

李欒復青

張國慶
海大美國美東校友會會長

61 漁業

　　張國慶會長，61級（1972年）漁業學系畢業。畢業後張國慶學長曾在蘇澳海事任教，然而嚮往航海生活的他，決心追尋理想，毅然決然投身於航運界，一路歷經磨練直至駐埠船長。期間也任職於華光、德同、康運、東欣、合發、益壽、濟運航運等多家公司以及臺北海事檢定，更奠基自身航運界的經歷。

　　1982年張國慶學長移民美國經商，在因緣際會下加入海大美東校友會，在會長的帶領下時常舉辦活動連結校友情誼，舉凡母校的重大活動慶典總是不乏美東校友們的身影，實為「一日海洋人，終身海洋人」最佳典範。

2019年11月4日，張清風校長在馬祖傳承講座中，致贈金葉子獎牌感謝美東校友會張國慶會長（右）長年來對海大校友的付出。

清瘦的身形 澎湃的幹勁

　　第一次見到張校長是在2015年8月，他應美東學術協會的邀請飛來紐約作專題演講，當晚參加了海大美東校友會的歡迎聚會。

　　誠懇、樸實、博學、堅毅，是我對校長的第一印象。

　　餐會上他爲校友們講解母校的發展歷程，從他整理準備的過去黑白至今彩色的相片，講述著母校的變化，生動活潑的敘述，使得在座的校友們聽得笑聲四起，沉醉在當年的大學生活的回憶裡，也因此被這位清瘦校長的熱情幹勁感動不已。

　　那幾天陪著校長拜訪了羅德島大學以及紐約州立大學的海洋學院，從旁觀察校長，他除了與兩校師長談論與海大交流的合作事宜之外，漫步在校園裡看到美麗的景地就聯想海大也可借鏡，隨手拍下留作參考資料，即便是高速公路休息站的戶外休閒桌椅也交待隨行人員記下廠商的訊息；自清晨奔波到夜晚，所看所談的都是與學校或學生有關的事物。

　　讓人印象深刻的是，拜會福茂集團創辦人趙錫成博士，亦順利爭取捐款以及設立獎學金，看到校長滿面春風的笑容，得知談成了，陪伴校長三天，張校長隨時都在工作，幾乎到了廢寢忘食的地步。如果說公務人員出差不順帶旅遊或辦些私人採購事宜，張校長當之無愧。

　　第二次見張校長是去年（2019）8月，他依例從美西飛到美東，沿途探訪旅美各地的校友會，此次他的重要任務之一是再次拜會福茂集團及創辦人趙錫成博士，確定百萬美元捐款及興蓋「木蘭海洋海事教育大樓」爲臺灣培育海洋海事人才簽約事宜，張校長三年的準備總算不負使命，談妥

在今年（2020）10月由趙博士親自偕同其女美國福茂集團趙安吉董事長到海大參加新蓋大樓動土典禮的日期。

第三次見張校長是在同年（2020）10月30日，木蘭海洋海事教育大樓捐建簽約及大樓動土典禮，藉此返校機會也參觀了久別的母校，真是驚嘆不已，美輪美奐的校園，在張校長八年的不斷努力創新下，飛躍的海大實至名歸。

之後又應張校長之邀與兩位美東美西的傑出校友畢東江及李全伶學長去北竿參訪母校馬祖校區，校區依海的景色媲美地中海，也只有張校長有此魄力與毅力才能爭取到這種成果，現在的學弟妹們太幸福了。

總結我所認識的張校長，雖然身形清瘦但是擁有如大海澎湃的幹勁，感謝他扛起海大的金字招牌，海大的校訓：「誠樸博毅」正是張清風校長最佳寫照。

黃志聖

飛抵國際貨運代理董事長

上海飛集貨運代理有限公司董事長

寧波天翔貨櫃有限公司董事長

海大上海校友會會長

76 航管

　　黃志聖董事長，76級（1987年）航運管理學系畢業。黃志聖學長於1993年在臺北創立飛抵國際貨運代理，透過以客為尊的經營方針，完善的管理模式，集團規模不斷擴大，直到2001年事業版圖發展已跨越國際，在國際貨物運輸業界占有一席之地。

我們相約上海見

「『老張！老張！』多麼親切平凡的稱呼，當你認識他時，你會感覺他很親切，與他相處後才知道他不是那麼平凡的人！」

我是上海華東校友會的會長黃志聖，在七年前第一次遇到張清風校長時，就是這樣的感覺，尤其是在餐會上他努力做筆記直到餐會結束，他幾乎把所有參加人員的名字通通記起來並且逐一稱呼，這樣的熱情與專注，讓當時還是副會長的我深深的感動，這也是在老會長郭功明會長（66航海）退休後請我接任會長，一個讓我責無旁貸且非常重要的考慮因素——我願意在張校長的帶領下，偕同華東校友一起成長！

後來的七年張校長也一如我們的期望，擦亮了海洋大學這塊金字招牌，每年都盡可能飛來華東與我們的聚會分享學校發展近況，張校長若無法親自抵達現場，他都會用手機視訊的方式跟我們聊天互動，這些對在外地工作不常回母校的遊子是難得且難忘的經驗和溫暖！

時間過得好快，老張要退休了，不過看他的身體及好動的精神應該是退而不休，原本在他卸任前我們相約再見上海，卻被突來的新冠疫情給耽誤，我們等你再次造訪，喝未喝完的酒，聊未聊完的天！老張來！「乾一杯，上海見！」

鄭聯華

Extreme Life (M) Snd Bhd執行董事
海大馬來西亞校友會會長

76 造船

　　鄭聯華會長，76級（1987年）系統工程暨造船學系畢業。
鄭聯華學長多次協助陪同母校至馬來西亞多所獨立華文中學拜
會，喚起馬來西亞對海洋領域的重視，除了更加了解海洋大學的
特色，也凝聚大馬校友的向心力，在境外招生上是母校最大的助
力，亦是維繫與促進海大與馬來西亞校友雙方情誼之重要橋梁。

海馬人的大磁鐵

　　張清風校長將在今年（2020）7月31日卸任海大校長職務，八年來他以「活力、創新、海大躍進、海大精進」為治校理念，其熱誠、奉獻與執行力，磁吸了海內外校友，他以身為校友校長邀請許多校友愛著孕育大家成長茁壯的母校，許多校友也因為校長的領頭付出而深深感動。馬來西亞校友會的每個海馬人就是這樣，而且與他都有份特殊且濃厚的感情。

　　馬來西亞海洋大學校友會於2013年9月23日成立，創會會長為現任的顧問沈慶文學長（73輪機）。2014年2月23日校友會創會五個月後迎來第一場重要活動——母校張清風校長要來和大家見面了。這也是我自海大畢業後返馬，首次接待海大校長。

　　行程滿檔的校長一路從新山、吉隆坡北上參加由校友會為他舉辦的「與校長有約」晚宴，張校長首次見到這麼多的海馬人。我還記得張校長在致詞時，內心澎湃的對著海馬人感謝，還流下興奮激情的淚水。也因為有張校長的號召，海馬人才真正有校友會組織而聚集相見歡，張校長的熱誠與執行力，讓我們都很感激又感動。現任馬來西亞留台聯總總會長拿督陳紹厚學長（71航海）當時也受到張校長的感動捐款新臺幣200萬元，為海大美麗的人工草皮運動場貢獻了海馬人的一份心意。

　　從2014年至今，張校長平均每年來馬來西亞兩次，主要目的除凝聚校友外，也為大馬華人子弟留學海大，以及為海大締盟姊妹校，例如沙巴大學、登嘉樓大學，促進學術交流，每次我都全程陪著張校長南下新山北上檳城，張校長早出晚歸的都不辭辛苦，巡迴拜訪全馬獨中校長，親自向學

生演講推廣海洋領域的前景和重要性。

　　他拜會過的中學有檳城鐘靈獨中、韓江中學、大山腳日新獨中、太平華聯獨中、怡保深齋中學、怡保培南獨中、怡保育才獨中、曼絨南華獨中、班台育青中學、金寶培元中學、芙蓉中華中學、吉隆坡中華獨中、尊孔獨中、循人中學、坤成中學、巴生中華獨中、濱華中學、興華中學、光華獨中、馬六甲培風中學、新山寬柔中學、峇株巴轄華仁中學、居鑾中華中學、麻坡中化中學、東馬砂拉越詩巫公教中學、黃乃裳中學、建興中學、衛理中學、光民中學、沙巴吧巴中學、崇正中學、亞庇中學等。

　　曾有留臺學長告知，臺灣國立大學拜訪最多馬來西亞中學的校長，應屬海大張清風校長了。由於張校長努力的耕耘撒播種子，近年，大馬學子申請海大的人數增加三倍以上。

　　非常感謝張校長對馬來西亞的子弟用心，還募款成立僑生獎助學金幫助優秀清寒的孩子順利完成學業，在張校長的精神感召牽引下，老中青的海馬人在2016年3日12日成功舉辦首屆海大之夜，成立了國立臺灣海洋大學馬來西亞優秀清寒僑生獎學金。這也是海馬校友支持籌募的第一筆獎學金款項，讓在海大唸書的優秀學弟妹們提出申請。

　　2020年7月31日張清風校長將卸任榮休，我謹此代表馬來西亞海洋大學校友會向校長表達感謝，他戮力引領海大在海洋學術領域大躍進，給予敬佩。

李健發

世邦國際企業集團董事長兼總裁

海大基隆校友會理事長

歷任船代台北市公會暨全國聯合會理事長

現任台灣省船代公會理事長

榮獲海峽兩岸十大物流風雲人物金鷺獎

榮獲中華民國海運有功人員金鷗獎

2008年海大傑出校友

65 航管

　　李健發董事長，65級（1976年）航運管理學系畢業。於海軍陸戰隊退伍後在東亞貨櫃場、環球貨櫃場、基業海運任職，從事貨櫃拖運與儲運業務，並利用工作之餘進入海大就讀航運管理系夜間部，將工作實務與課業理論結合。

　　李健發學長與友人創立「敦那士船務」，後應業務需要，陸續成立相關公司而統稱「世邦國際企業集團」，整合海陸空運事業，今日其集團旗下包含國際物流、國際複合運輸、船務代理及自有船舶之經營管理與海空運承攬業務，業務範圍擴及全球。

　　李健發學長長期以個人、公司、基金會名義捐款，包含支持大學生短期出國進修計畫、海運學院惜福餐券、清寒獎助學金、英文獎學金、馬祖校區國際學舍、校友會活動等，自1998年起捐款已逾500萬元，期許未來同學日後學有所成，貢獻社會國家。

沒有架子的校長讓校友四海歸心

在過去數年與張校長互動中，讓我深深感受到張校長在任內對於校務睿智籌謀，積極任事，不但擦亮海大招牌，也讓海大變偉大。其作為有目共睹，令人佩服！其成就恐無來人，讓人讚歎！

魯迅說過，性格決定命運，記得高希均教授也曾藉此引用發揮「個性決定命運，態度決定高度，格局決定結局。」觀諸張校長，不擺架子、個性熱忱溫馨，讓人樂於與之互動，更讓校友四海歸心。其態度誠懇積極，在校務上的成就自是非凡，尤其是使校區橫跨台海，又國際觀的格局讓海大在專業教育上光芒四射，站上國際舞台。

總之，以張校長的「個性」、「態度」及「格局」不管在任何職場上都會發光發亮，成就令人折服。張校長對海大的奉獻與貢獻讓我們感佩在心！我們永遠敬愛他！

賀張清風校長任滿功成身退。

曾俊鵬

崴航集團董事長
海大航運管理學系兼任副教授
FIATA物流學院導師
海大臺北校友會理事長
2010年海大傑出校友

65 航管

　　曾俊鵬董事長，65級（1976年）航運管理學系畢業，服兵役期間考取陽明海運。後轉職至長榮集團，在物流業累積豐富經驗。曾俊鵬學長於1995年與昔日幾位同事共同創立崴航國際股份有限公司。今日的崴航集團已是臺灣名列前茅的國際承攬運送業者，於世界各國擁有50個據點，服務遍及全球。

　　曾俊鵬學長事業有成之餘，不忘提攜才俊，於2016年成立「曾俊鵬系友捐贈獎助學金」。此外，曾俊鵬學長亦攜手海大臺北校友會捐助清寒優秀學生獎學金、支持海大62週年校慶活動、大學生短期出國進修計畫、校友聯誼活動等。曾俊鵬學長無論對於臺灣物流業知識傳承、母校校務發展以及運輸業人才培育貢獻良多。

Well done！校長謝謝您！

兩屆八年任期轉眼即逝，張清風校長要光榮交棒了。這期間有六年我正好擔任臺北校友會會長，跟著校長參加不少活動，有近距離互動的機會，有許多感動。他充滿熱情，2011到2020年兩屆校長任內，帶給海洋大學脫胎換骨式的轉變，有目共睹。為海洋大學留下很多有形無形資產，藉出版張校長畢業紀念冊的機會，分享一些往事與感言，聊表對張校長的敬意，更是本人一大光榮！

其實我參加臺北校友會組織時間很早，多年前就當選理事了。只是那時的臺北校友會沒發揮多少功能，後來還停會了。在臺北校友會前任理事長邱啓舜學長奔走之下，向臺北市社會局申請於2007年初核准復會。啓舜兄擔任兩屆理事長，同時間本人獲邀擔任副理事長，並於2014年接任理事長至今。因張校長重視各地校友會，我們經常獲邀參加學校活動，留下許多美好回憶。

臺灣海洋大學創校六十七年，畢業校友近八萬人，散布在各行各業，表現傑出者比比皆是。這是以海洋教育為專業的大學，故在海洋相關產業，校友所占比例尤其高，對國家社會做出很多貢獻。校友是支持學校發展的重要資源，全世界頂尖大學都將爭取校友支持列為治校重要政策。張校長充滿熱情，在他登高一呼之下，全球校友一起全力支持學校，因此短短八年交出亮麗成績單，得來非易，令人敬佩。這是真心話，絕非恭維之詞。歷年和校長互動之中，茲舉幾則特別深刻的印象和大家分享：

涓滴成流

2015年9月國際複合運送聯盟（FIATA）年會在臺北召開，這是全球最大的運輸物流業非政府組織（NGO）。此年會能在臺北召開，絕對是得來不易，有很多幕後功臣。籌備團隊在已故前國際總會副會長楊庶平領導之下，抓住這可能是臺灣僅有的一次機會，卯足勁展現臺灣軟實力。結果不負眾望，有來自全球超過千位會員參加，臺北年會受肯定為歷屆最成功的一次。籌備會人員於惜別晚會上都受邀上台接受表揚，是臺灣的光榮。我邀請張校長擔任第一場「年輕從業人員教育訓練」演講人之一，另一位是天下文化創辦人高希均教授，這場會議並邀請哈佛大學教授Mr. Issa Baluch主持。張校長演講時除一貫充滿熱情介紹海洋大學發展之外，令我印象最深刻的是張校長向Issa教授嗆聲：「你們哈佛大學雖是世界第一，但海洋教育，臺灣海洋大學才是世界第一。」講的Issa教授頻頻點頭，令我為之動容。這時我才恍然大悟，原來海洋大學的海洋教育已是世界第一，也是張校長的努力目標。從此以後我也經常引用張校長這段話，充分以母校為榮。

　　張校長在前述年會演講時，他期勉年輕人做事要有熱情。有無熱情，結果大不相同。沒有熱情的話，只是把事情做完，但具有熱情時，就想把事情做好，要有日本職人的精神。其實張校長帶領海洋大學就是充滿熱情，對校友如此，對在校生也是如此。有一次我帶學生做校外教學，在行政大樓集合搭交通車時，正好遇到校長。他熱烈和我打招呼之外，也親切向學生問候，並向學生誇讚曾老師。那個班級有幾個大陸交換生，看到校長和大家打成一片，覺得很新奇。上車後有位陸生問我，怎麼臺灣的大學校長一點架子都沒有？和中國大陸很不一樣。我說並非所有臺灣的大學校

長都這樣，而是張校長比較特別。我到學校上課時，經常到學校餐廳用餐。在餐廳常常可以看到張校長，他大多忙著和學生打招呼，關心他們的學習。甚至和學生一起用餐，一點架子都沒有。點點滴滴的累積，形成學生對學校的認同感。相信學生踏出校門以後，必定以海洋大學為榮。我見證到校長在八年任內讓海洋大學產生重大改變，這就是校長的「熱情」。

在台北校友會長任內，我每年都應邀參加學校畢業典禮。莘莘學子經多年努力，完成大學教育肯定是人生重要里程碑。這好比到少林寺學得一身功夫，終於到要向武林展示一身絕學的時候，這當然是人生大事也是一種期待。因此為學生舉辦一個溫馨的畢業典禮，十分重要。我看得出張校長非常用心籌辦畢業典禮，不墨守成規，年年有創意。將畢業典禮辦得熱熱烈烈，留下美好回憶。除邀請校社團表演開場節目外，必然邀請貴賓和傑出校友代表觀禮。令我印象最深刻的是校長致詞時必定一一唱名介紹貴賓和與會傑出校友代表，十分周到。一方面是對嘉賓的尊重，另一方面也給學生介紹典範，期勉有為者亦若是。

張校長於2013年11月創設「海洋貢獻獎」，當年獲獎人為長榮集團總裁張榮發先生，2019年10月30日完成七屆，得獎人是美國福茂集團創辦人也是海洋大學名譽博士趙錫成先生。正如授獎宗旨所定，獲獎者都是在海洋相關領域具有劃時代卓越貢獻，對國家社會在海洋文化與科技具有重大影響性、改革性及創造性之貢獻者，實至名歸。張校長此一創舉，令人佩服到五體投地。這獎項必然留名青史，對臺灣乃至全世界都有重大意義，其影響力也必在未來顯現。以臺灣海洋大學執世界海洋教育牛耳的地位，創設此獎項絕對是當仁不讓，我們都與有榮焉。

張校長在任期間給海洋大學帶來重大改變，本人有幸參與或見證。猶記他上任第一件事就是募款將濱海操場鋪上人工草皮，自此師生有優質的運動場地，開始有幸福感。之後學院系所規模大加擴張，校友捐款也源源不斷，充實學校經費和學生的獎學金，後者每年超過1,200萬元。對開發學生潛力及未來生涯發展，帶來的可能是天翻地覆的轉變，非常了不起。事業有成的校友陸續捐建畢東江國際會議廳、全興書苑和宏廣書屋等，而學校範圍也擴大到馬祖分校、桃園觀音育成校區，基隆海事並改隸為海洋大學附屬高中。加入臺北聯合大學系統，讓學生出路更加寬廣。

　　八年時間其實很短，能有這麼大的改變，校長真是將時間和精力發揮到極致。從張校長身上我見識到一個人的影響力可以大到這種程度，超乎想像。

　　最後套一句我常用的話：Well done！謝謝張清風校長！

林允進

般若科技股份有限公司總經理

大古鐵器創辦人

海大臺中校友會榮譽理事長

榮獲1994年第十七屆青年創業楷模獎

2020年第八屆海洋貢獻獎

2007年海大傑出校友

61 造船

　　林允進總經理，61級（1972年）造船工程學系，畢業後取得獎學金赴日本東京大學攻讀碩、博士，林允進學長發表的博士論文「貨櫃船後半部船體形狀設計研究」，不僅獲得日本關西造船協會年度優良論文獎，更影響了現代船型設計，今日全球商船設計大都沿用該論文提案之新船型，對造船產業有偌大的影響。

　　林允進學長取得船舶工學博士學位後，返臺先於臺大任教，後於1985年創立「SOLAS般若科技」，將紮實的技術轉化為實體產品，供貨於全球各大廠牌，今為全球首屈一指的螺旋槳製造商。此外，林允進學長透過製造螺旋槳的技術，踏入鑄鐵鍋市場成立「大古鐵器」，「大古鐵器」的產品更年年榮獲「臺灣精品獎」的肯定。

　　林允進學長自2006年起長期捐款支持造船學程獎助學金、大型空蝕水槽擴充設備、系統工程暨造船系清寒獎學金、啟航還願獎助金、共同教育中心志道遊藝講堂課程、支持大學生短期出國進修計畫及校務發展、傳承與創新講座林允進獎學金，捐款逾680萬元。林允進學長不僅在螺旋槳產業成績斐然，跨足鑄鐵鍋市場亦成為產業龍頭且熱心公益不落人後，對於臺灣產業貢獻、提攜後進更是有目共睹。

卓越領導者的典範

任何機關團體或是私人企業想要蓬勃發展，最關鍵的因素就是要有一個卓越的領導者，我個人曾在學術界任教六年，然後毅然決然的棄教從商，白手起家和內人共同創業，歷經三十四年的努力學習「如何成為成功的經營者？」，上蒼不負苦心人，使我的第一事業「般若科技」成為全球小艇推進器的知名品牌；第二事業「大古鐵器」也成為國內鑄鐵鍋具之佼佼者，現在正在積極籌設第三事業「大方船舶」。

本文想一探「卓越領導者的風範」，依我的觀察，私人企業主因將自己甚至家庭的前途都投入自己事業上，所以全心全意的投入金錢、精神及精力想把事業經營成功，所以會比一般人更加倍努力去學習如何成為卓越領導人，也就是成功的經營者，所以終其一生都兢兢業業的全力以赴打拚，這是天經地義的事情。

反觀公立學術機構的主管，一般都是任期制，做得如何都不致影響到家庭的生計問題，所以有些抱著「維持現況、得過且過、少作少錯」的心態，因此單位也不會有什麼發展，沒有什麼建樹或貢獻事蹟留下，能夠屆滿任期，平安下台就不錯了，當然也有極少數人，例如大學的校長，在任期內很積極的帶領全校，不斷的擴展學校的每個領域，不管學術研究或是學術交流，或是校園建設上，或是活絡校友會的運作，讓校友積極參與甚至捐款贊助學校建設及提供獎學金，這種人可說是稀有奇葩。我很榮幸的就遇到了，他就是我的母校國立臺灣海洋大學的張清風校長。

張校長口才一流，交友廣闊，知人善用，讓海洋大學成為全球知名的海洋相關研究重鎮，鼓勵各系所充分活用其設施，作出傑出的研究，例如海大造船系的大型空蝕水槽是世界排行前幾名的設施，吸引國外企業來作產品研究開發，對我公司的研發也有很大貢獻。張校長又和臺北醫學大學、臺北科技大學、臺北大學組成四校結盟，使海大成為四大名校之一。又去馬祖設立分校開拓海洋相關的研究及相關產業，讓海洋之研究，伸展到外島，提升馬祖之學術水準。另外在現任校友會王光祥總會長的名義下，開設「傳承與創新」講座，讓事業有成的傑出校友回校分享其成功經驗，對在校學弟妹們有很好的啟發。在張校長的帶領下，海洋大學蓬勃發展，大家有目共睹，使我由衷的感佩，他真是卓越領導者的典範。

劉立仁

帝諾斯國際股份有限公司董事長

海大花蓮校友會理事長

80 航管

95 航管 EMBA

　　劉立仁董事長，80級（1991年）航運管理學系、95級（2006年）航運管理學系碩士在職專班畢業。劉立仁學長偕同校友會理監事們發起捐款，成立花蓮校友會獎助學金，嘉勉關懷遠從花蓮北上求學的後山學子，鼓勵同學努力學習、勤勉向上。同時也協助樂捐母校海洋夢想基地相關貨櫃建設，致力培育海洋人才，促進海洋產業永續經營發展。

　　劉立仁學長亦積極爭取贊助TARA研究帆船靠泊臺灣港口，促進民眾的環保與海洋意識，登船了解海洋的奧祕，藉由海大臺灣海洋教育中心與TARA合作科普推廣活動，拓展海洋保育及海洋環境教育，同時也讓海大學生有更多參與學習的機會。

海洋海事教育的先行者

熱忱、親切是第一次見到張校長的印象。之後在校友會活動的互動中，更覺得他是一位有理想有抱負且精力無窮的大學校長。

海大花蓮校友會是校友會中的迷你會，然而每次大會活動，活力十足的張校長總是應我這理事長小學弟之邀，不遠千里的搭乘普悠瑪翻山越嶺，來到後山世外桃源的花蓮與會，讓每位參與的學長姊們，特別感受到母校的溫暖，以及張校長對花蓮校友會的重視。

這幾年海大因為張校長帶領著大家付出努力而發光發亮，從基礎建設到校友力量的凝聚，讓我見識到了張校長吸引力法則的執行力。

2018年3月張校長把國際知名的海洋科學調查帆船TARA帶進臺灣，而小弟有幸能為母校服務協助研究船環臺進港停靠作業，這艘由海洋學、生態學等專家組成國際團隊航行在世界各角落，造訪過南北極與地球上各個大洋從事海洋生態研究超過十年，因為海大而二度來臺，也首次停靠花蓮港補給，讓花蓮市明恥國小20多名學童有機會登上傳奇性的研究船參觀接觸海洋保育觀念。因為TARA研究船，更讓我對張校長的在學術及海洋研究貢獻佩服不已。

熱情、積極、專業、毅力、執行力，帶領海大成為世界一流的海洋、海事大學，張校長在短短八年任內做到了他的活力創新、海大躍進、海大精進，與治校理念與精神也深植在每個和他接觸的校友心中，產生共鳴。

他雖然卸下校長一職，但，我們相信他依然是海洋、海事教育的先行者，傳承者。

祝福精力無窮的張校長永保活力平安健康！

林樂輝

基隆市土地銀行資深襄理

海大航管EMBA校友會第四屆理事長

93 航管 EMBA
104 航管博

　　林樂輝理事長，93級（2004年）航運管理學系所碩士專班、104級（2015年）航運管理學系博士班畢業。曾任社團法人國立臺灣海洋大學航管EMBA理事長，期間開創與各校友會間之橫向聯繫，主動與友會拜訪，維繫校友感情，凝聚校友力量與情誼不遺餘力。

大海風清

　　教育之偉大，在於無私。張清風校長為讓臺灣海洋大學發展成為一所以專業及海洋為最大特色的「社會上不可或缺的學校」，以及以學生為主體人文關懷「令人感動的大學」，八年來張校長與師生、校友共同努力擦亮海大這塊招牌，將學校營造成為一所具有活力與高度榮譽感的海洋頂尖大學。

　　本身也是海大校友的張校長，任內與校友、校友會互動頻繁積極，我因為曾任航管EMBA校友會理事長，之後也投入校友總會的團體，有機會經常接觸張校長，七年前（2013）海大創校一甲子，航管EMBA校友會支持張校長發展海岸觀光的構想，率先支持響應捐贈數十台的腳踏車取名「海BIKE（HI-BIKE）」給學校作為60週年校慶的生日禮物，而張校長遠見海大地理位置優越，擁有極佳的海岸觀光資源，他不但成立海洋觀光管理學系，也掌握低碳旅遊盛行契機，推動自行車觀光行程，讓校友師生騎乘免費，「活力創新、海大躍進、海大精進」是張校長的治校理念，這幾年來張校長打造學校成為一所國際級的海洋頂尖大學，治校成績有幾項讓我印象特別深刻：

　　—2014年與新北市政府產學合作於貢寮區設立海洋研究站「水生生物究暨保育中心」，協助海大學生助益產業升級與創新發展，獲得產業界的青睞。

　　—學校每年獲得教育部高額的獎補助經費、教學卓越計畫、高教深耕計畫等多，持續充實學校辦學資源。

涓滴成流

—今年（2020）教育部核定「國立基隆高級海事職業學校」將於109學年度起正式改隸為「海大附中」，未來培育優秀學子順利進入海大相關學系就讀。

—校園建設方面，館舍逐步竣工，包括海洋生物培育館、振動噪音工程研究中心、電資暨綜合教學大樓等，爭取經費1.2億元，預計於2021年動土興建藻礁暨海洋生態館。

—為發展離島教育，海大馬祖校區在張校長的積極建設下成為馬祖的唯一一所大學，2019年9月由張清風校長、連江縣劉增應縣長與連江縣張永江議長、海大校友總會理監事學長等諸位嘉賓共同揭牌，為馬祖高等教育重要發展的里程碑。

感謝張清風校長對海大的無私奉獻，海大持續向國際一流的「海洋頂尖大學」邁進，澤被每位海大莘莘學子。

洪禎陽
聯興國際物流股份公司副總經理
海大航管EMBA校友會理事長

99 航 管 EMBA

　　洪禎陽理事長，99級（2010年）航運管理學系碩士在職專班航運管理組畢業，其管理校友會會務及維繫校友情誼更是無私無我地奉獻。在洪禎陽學長的帶領及號召下，會員人數已達五百人。洪禎陽學長對母校的事總是義不容辭，慷慨解囊捐助海大馬祖校區校舍興建，藉此行動表達對母校發展的關懷與愛護，期盼海大能培養更多優秀人才。

無私奉獻的CEO校長

　　第一次認識張校長，是在2012年我們航管EMBA班上所辦活動的午餐聚會，一面之緣交談幾句，我認為學生認識校長是理所當然。然而在一兩年後的一場校務活動，再與校長相逢，張校長竟主動叫出我，這種超強記憶力，實屬罕見，尤其令人更敬佩的是在這往後的八年裡，校長所努力耕耘的豐碩成果，讓海大學術的疆土領域達到創校以來最寬廣、系所學生人數最多、校友資源及校園建設也最多，與學生校友互動最熱烈及學術研究也最佳的境界，堪稱學術界最佳CEO。

　　張校長來自高雄橋頭鄉下，但卻很有國際觀，他曾獲得法國所頒的騎士勳章，也是國家講座教授，和學術地位崇高的他講話卻很親切自在，在言談間常感受到他對母校海大的用心，心中所願、構想規劃都在為海大能更蓬勃發展邁向頂尖。

　　除了對學校的企管精神，校長對學生、校友的關心亦是大家有目共睹，再忙他都會來參加我們航管EMBA的年度大會，給我們鼓勵，和大家聊天互動，包括校友總會及其他各分會，他都於百忙中親臨與會。有一次臺中校友大會碰巧張校長要出國募款，結果他竟然帶著登機箱參加校友會，再趕往機場出國，如此分秒必爭，不辭辛勞，也許是他自己知道八年的校長任期，他要做的事太多了。很多教職員也感受到校長推動校務的衝勁，校長走一步，他們要跑好多步，大家齊心齊力，才有今日的海大。

　　張校長對學校無私奉獻且意志力堅強，曾經在本會理監事例會中，邀請張校長及幾位師長來給我們勉勵，席間聽到有人說，張校長把一些老師

及他自己額外似非必要的補貼取消轉為給績優行政人員的獎勵，從這個細節處就知張校長的為人處事，只要是對學校有利的、對的事，他都勇往直前去推動改革。

　　有一次在校友總會聽到校長為大家做學校興革目標的校務發展簡報，這是我有幸聽到的最佳簡報，也很汗顏在企業中的我怎從未有如此能耐，要做到這樣邏輯條理分明、數據化圖表分析及掌握訴求重點等並非難以效法，真正難在於簡報的項目是多數已執行或正在執行中，而能達成這麼多的項目，是在極短的時間裡，表示校長有堅強的毅力努力推動執行，這是真材實料的成果，不是滿口畫餅。一點一滴無私無我的推動建置，讓我們校友更加以海大為榮。

廖識鴻

台電公司顧問

公共工程採購評選委員

海大輪機機械系友會理事長

63 輪機

廖識鴻理事長，63級（1974年）輪機工程學系畢業。廖識鴻學長曾任職輪船公司三管輪、基隆高級海事輪機科教師，在教學領域上更首創輪機創新教學觀念，編撰《河海特考輪機試題詳解》，通過高等考試後進入臺灣電力公司服務。

廖識鴻學長在臺灣電力公司任職從擔任基層工程師起，一路升遷為核能技術處處長榮退，經歷過與國際大公司的契約協商談判、履約爭議處理等。廖識鴻學長除在專業領域奉獻所學外，亦不忘回饋母校，提供助學金嘉勉有志於輪機機械之學子，廖識鴻學長實為奉獻所學、貢獻專業，提攜海大後進不遺餘力。

嘉惠輪機、機械系友良多

致在關鍵的時刻帶領全校師生、校友發揮關鍵的力量,創造海大最光輝的聲譽,嘉惠海大師生、校友,我們最敬愛的張清風校長:

由於您的高瞻遠矚 ,帶領全校師生、校友完成了許多不可能的任務,軟體方面如致力擴增相關系所,設立海大馬祖校區、籌設海大桃園校區,擴大海大研究範疇及師生視野,確立海大獨特教學領域,推動並完成將基隆海事職校提升為海大附屬中學;硬體方面如增添眾多教學設備及廣建校舍,使海大成為名符其實的一流大學,更致力推動傳承與永續工程,利於海大的永續發展,可謂對海大立下輝煌功績。

張校長尤其對輪機、機械系友多所關注與支持,致力推廣海大輪機、機械相關系所與在職專班,培養海大良好素質的輪機、機械人才,提供社會各界及船運業所需,並鼓勵與協助校友建置良好經驗薪傳平台,利於輪機、機械系友的經驗傳承,嘉惠輪機、機械系友良多,識鴻無限感佩,謹此表達最深敬意。

彭欽麟

基隆港領港

考選部專門職業及技術人員考試訓練委員會委員

海大商船學系系友會會長

78 航海

　　彭欽麟領港，78級（1989年）航海學系及1991年紐約州立大學海事學院（SUNY Maritime College）碩士畢業。彭欽麟學長現職為基隆港領港，其為培育更多優秀海運人才，工作之餘經常熱心協助母校校務發展事務，亦常參與講座分享自身豐富實務經驗予學弟妹，期許有更多新血投入臺灣海運產業。

用風種田的人

忘了什麼時候見到他的

如無身上那規矩的西服

我會以為他是隔壁的二叔公

一大早要去他最喜愛的池塘

看戀水面養著的一大群白鵝

餵養池底下各色各種的魚群

濃濃咕嚕的腔調

我也許聽不太懂

但

一切的海洋都懂

謹記

海洋大學張清風校長

2020　庚子年　榮退

王進興

海鷗春陽文教基金會董事長
聯興國際通運股份有限公司顧問
2007年海大傑出校友

58 航 運

　　王進興董事長，58級（1969年）航運管理學系畢業。王進興學長任陽明海運公司基隆分公司經理期間，率領公司同仁參加公益活動十一年，從未缺席。另亦協助陽明海運完成歷次社會與國際間之救災、救難任務，如南亞賑災活動、921地震調度車隊赴災區救難、捐贈貨櫃、運送救難物資等。

　　自2003年起海鷗春陽文教基金會提供支持大學生短期出國進修計畫、清寒助學金、海運學院惜福餐券、校務發展等，捐款金額逾272萬元。且王進興學長擔任基隆市國際輪船公會理事長任內，解決基隆市、基隆港與基隆關許多重大事件，例如：碼頭工人民營化問題、港務局車機汰換問題、海關法規改善問題，以及引水費率爭端、台聯罷工等，均能圓滿落幕，殊屬不易。

給超人校長的畢業留言

　　說起校友眼中的超人校長張清風，他與我相差九歲，雖然同樣都是海洋學院時期的學生，但相距八、九年，起初確實不熟識，但在他擔任校長後卻處處有緣⋯⋯。

　　張校長活力熱情，似乎有像超人般用不完的精力，為人謙和，談吐溫文有禮，我算虛長幾歲，入校先進數年，每次碰面，他都稱呼我學長，令人十分興奮又感動！他的記憶力尤其驚人，記得海大校友總會成立之初，這是與校長第三次碰面，他不需要在旁的校友中心吳瑩瑩主任「打巴士」（PASS），就直接叫出「王進興、王學長」，對人的用心和周到，真令人佩服！讓人感受到他領袖的魅力與特質。

　　張校長的胞弟——張清發先生，是我在陽明海運的同事，後來他高陞到我曾經擔任董事長的陽明子公司駿明交通擔任副總經理；經常聊起張校長，更倍感親切。

　　海洋大學至今已67年，過往的校長，表現優異，治校用心的也很多；然而這些年來，在張校長的帶領下，積極爭取資源建設校園，學生人數增加，更連續獲得國家邁向頂尖大學計畫、教學卓越計畫的補助，非常難能可貴。

　　為了有計畫提升海大知名度與學術地位，2014年還加入臺北聯合大學系統；此外，學校師生參與國際科學研討及學術論壇發表都有傑出表現，提高了學術研發質量及地位。

這位超人校長，更把侷促基隆一隅的海大校園，推展到北疆成立馬祖校區，觸角還延伸到桃園觀音發展了產學合作育成基地，未來的海大期盼在張校長的奠基下，繼續朝海陸空發展的頂尖海洋大學邁進。

畢東江

美國畢氏地產投資公司總裁
美國維多利亞旅遊船集團創始人
榮獲美國國會傑出貢獻獎
榮獲美國紐約艾利斯島傑出移民獎
2003年海大傑出校友
2013年海大名譽商學博士

60 航海

　　畢東江博士，60級（1971年）航海學系畢業。曾於中國航運公司實習，1972年後移民美國，於紐約州立大學航運管理系修習碩士。畢東江學長於美國、中國事業有成，其投資事業橫跨各領域，包含創設維多利亞遊船公司、畢氏房地產公司以及照片專業沖印公司等，實為華人移民海外之表率。

　　畢東江學長同時也樂於回饋母校，畢東江學長伉儷除共同捐建「畢東江博士國際會議廳」，每年亦持續捐款協助校務發展、關懷弱勢學生安心就學助學金、支持大學生短期出國進修計畫、海大教職員環境生態教育研習等，直至2020年總計捐款逾新臺幣905萬元，並特地以畢東江學長為名成立「畢東江獎助學金」，成為海大第一個栽培兩岸具有國際視野優秀學生的傑出校友獎學金，獎學金共計已逾188萬元，嘉惠海大莘莘學子跨海進行學習體驗。

美國維多利亞郵輪創辦人畢東江學長（中）2016年返臺參加海大63週年校慶，與同學羅濟廷董事長（右）、李清豐領港（左）合影。

創造海大無限可能的推手

認識張校長到現在（2020年）大約有八年的時間，我對他的印象非常深刻。還記得第一次跟他見面的時候，是2012年的夏天。那時他剛接任校長，特別安排了一趟拜訪美國校友會的行程，這在以往是少見的。我還記得會議那天我來得比較遲，入席後是坐在會場的後面，張校長正在臺上演講，講得非常投入。聽著他的演講，我內心受到觸動，因為他的演講並不是只有喊喊口號而已。透過他的演講闡述，傳遞出他心中那完備而宏大的辦學理念，更是具有國際觀及創新的思維與作法。我感覺這個校長很不一樣，不像一般人認知的校長，反而像一個最佳推銷員，建構出他對教育的願景與藍圖，那一次的見面讓我印象深刻。

接下來幾年的時間，透過校友會活動，我跟張校長有更多的交流互動，我所認識的張校長為人謙虛，善於溝通。尤其具備一種個人魅力與特質，讓人信賴他、支持他，做為校長，這一點是非常重要的。張校長與我都認為，要使學校未來有更好的發展，打破過去陳舊的思維是不可或缺的。然而知易行難，張校長在這方面就具備有遠見的國際觀，更有強大的實踐力，他經常與世界各地的校友交流，吸收新知，帶領海大走向國際視野的舞臺。

海大擁有得天獨厚的環境優勢，面海背山，尤其海洋本身就是向外開拓發展的管道，這也是海洋文化的重要特質，海洋大學便承襲了這樣的優秀傳統。就如同近代香港的發展歷程一樣，依海生存，在陸上土地有限的情況下，卻透過海洋與航路接軌世界，煥發活力，海洋大學亦是如此。

母校除了航海、輪機等創校時代業已設立的傳統科系外，面對社會環境多元化影響，更陸續發展許多新興科系。十年樹木，百年樹人，無數人的努力下，形成海洋大學獨樹一幟的校風，也在臺灣社會各領域、各產業發光發熱，貢獻力量。例如臺灣的旅遊船市場是極具發展潛力的領域，未來能串連整個海洋旅遊產業鏈的發展，帶來的經濟產值不容忽視，相信海大在產業拓展上可以提供很多的協助。

　　聽聞清風校長即將卸下重擔，心中相當不捨，謝謝他這麼多年為海大的付出，勞心勞力。這段時間以來，海大的發展與改變有目共睹。雖然卸任，還是希望校長可以繼續發揮他的影響力，持續關心海洋教育及旅遊船產業。

柯吉剛

全興國際控股集團創始人
2014年第二屆海洋貢獻獎
2012年海大傑出校友

60 水 製

　　柯吉剛創始人，60級（1971年）水產製造學系畢業。柯吉剛學長在海大就學期間，便開始投入養鴨事業，運用在海大所學，1974年成立臺灣第一家專業水產飼料廠──全興集團，並逐步跨足水產冷凍加工、水產養殖、生物科技等領域。時至今日，在柯吉剛學長帶領下，全興集團從最初的水產飼料加工廠，在今日已成為全球水產業界的「領導品牌」。

　　柯吉剛學長不僅在水產飼料界蜚聲國際，對於母校亦是熱心回饋，在2014年捐資千萬元，將原本圖書館地下一樓300坪的老舊空間，打造成具有海洋與環保元素的閱覽空間，命名為「全興書苑」，並於海大61週年校慶啓用。同年為感念母校栽培，與60級水製系校友一同捐建食科系演講廳「甲子廳」，又協助生命科學院館舍興建近1,300萬元演講廳「全興廳」，期盼海大學生能將水產事業發揚光大。2019年柯吉剛學長再拋磚引玉偕同全興集團同仁捐贈近1,300萬元協助馬祖校區建設發展，柯吉剛學長對海大貢獻良多、奉獻堪崇。

英華風範青史留名

得知張清風校長即將卸任的消息，我們感到相當不捨。

張校長早年到美國華盛頓州立大學的留學背景以及後期到日本、法國等國家進行訪問研究的寶貴經歷，促成其開闊的國際觀。在任的八年期間，積極地爭取海洋大學在產業界及學術界的合作，不僅提升海大在學術上的地位，也讓海大在國際上的能見度大幅增加，對於在校的莘莘學子，乃至於社會、國家都有莫大的貢獻，歷屆校長無人能望其項背，可說是海大最燦爛、輝煌的時代。

除此之外，張校長在任期間，成功地串聯起我們產業界及學術界合作的橋梁，讓我們這些長年離開學校的校友們凝聚在一起，參與各項精彩的活動，並為學校及社會盡一己之力。

張校長即將功成身退，您的英華風範也將青史留名，我們由衷祝福您身體健康、心想事成。

陳秀滿
前陽明海運公共事務部副協理

64 航管
93 航管 EMBA

　　陳秀滿學姐，64級（1975年）航運管理學系、93級（2004年）航運管理學系所碩士專班畢業。

　　張清風校長與陳秀滿學姐同為64級海大校友，憶及當年水製系一年級同學邀請陳秀滿學姐與大朱等同學一同前往汐止大尖山秀峰瀑布旁舉辦的郊遊，校長仍舊津津樂道，這些女同學們在校內可是眾星拱月的風雲級人物。

　　畢業後，學姐考取當時國營海運事業——陽明海運，自業務部、運務部、臺灣營業部，一路自基層歷練至文化事業部副協理，並兼任陽明海運文化基金會副執行長，協助推動海洋文化志業，透過辦理特展及活動的方式，積極投入推廣海洋文化教育工作。

| 2017年12月4日陳秀滿學姐（右）返校與同屆畢業的張清風校長（左）合影留念。

| 張校長（第三排右一）就讀大學一年級時，與陳秀滿學姐（第二排右二）等同學
們一同去汐止大尖山郊遊。

十年樹木 百年樹人

1975年自母校航管系畢業後，除了在航管EMBA兩年進修上課期間，幾乎很少回到母校，更遑論遊走校園。直到2012年張校長接任第十屆校長後，在校友服務中心盛情邀約下，才常回母校。

今天母校卓越的進步，有目共睹。從校園改變，利用閒置的空間闢建了眾多新建築，同時增加了不少大型的裝置藝術，不僅降低校園圍牆，讓北寧路與校園之間視野變得更加開朗，突顯出今日海洋大學寬廣的胸襟與社區友善互惠的溫馨。

學校為銜接急遽的國際產業脈動，拓增不少新院所，為社會培養更多人才。而最難能可貴者，張校長發自學長內心對學弟學妹們真摯的關懷及體貼，與學生們親切互動，交集熱絡，讓我們這些畢業多年的校友，深深覺得今天海大的學子們能夠在這樣活潑健康的環境裡求學，是何等幸福與快樂，這是當年我們所無法想像的！也是張校長辦教育最令人敬佩的成就。

今年（2020）四月我回母校，承校長引領參觀了從海洋科技博物館移到校園內的「自由中國號」，以海大在海洋教育界崇高地位，守護這艘在六十五年前從臺灣北部橫越太平洋抵達美國加州，幾年前由文史工作者向文化部全力爭取，再從美國奧克蘭港運回基隆，深具海洋科學研究、經驗傳承與歷史意義的木造船舶，令人慶幸她終於適得其所。目前海洋大學正積極進行修護，相信在近期完成後，對於臺灣海事教育將具深遠影響，這也是張校長任內對於海洋學識傳承另一項非凡的成就。

十年樹木，百年樹人。現階段海洋大學再增加了馬祖及桃園觀音兩個校區，未來的聯合大學聯盟，在在都將使海大成為一所更具國際觀的大學。建議校友們常回張校長兩任八年期間，全心奉獻的母校一遊，與張校長同享海大人的光榮與驕傲。

徐國裕
中華海洋事業協會榮譽理事長
臺北海洋科技大學兼任副教授
大連海事大學、集美大學客座教授
2015年海大傑出校友

65 航 海

　　徐國裕領港，65級（1976年）航海學系、85級（1996年）通訊與導航工程所碩士、93級（2004年）河海工程學系博士班畢業，另亦取得大連海事大學交通運輸工程工學博士。因徐國裕學長有感於航海理論與實務結合之重要，其復於海大及大連取得碩、博士學歷，成為臺灣第一個博士領港。徐國裕學長航海資歷豐富，一路從三副、二副晉升至船長，並擔任領港員，更三度榮膺全國及高雄港模範航港從業人員。

　　徐國裕學長對於臺灣海事教育及學術交流貢獻良多，除積極推動兩岸海事學術交流，亦熱心協助母校螺旋槳校園景觀工程建設，並將自身豐富的航海知識編纂成書、實際授課，造福海事相關科系學子，對於臺灣海事教育貢獻不遺餘力。

苦過的回味是甘甜

我跟張校長是1971年進入海大的，他唸水製，我念航海。

想當年我們航海的在海事大樓樓頂揮旗，當時的張校長就在水製（現今的食品科學系）實習工廠製作鰻魚罐頭，那股校園中的飄香全校師生都有機會分享，在那個物質缺乏的辛苦年代能品嚐如此香氣溢人的鰻魚加工食品，感覺就是人間美味。

再次品嚐到鰻魚罐頭，竟已是四十年後，是張校長送的禮物，雖然感覺不出當年的風味了，但出自水製系的鰻魚罐頭，永遠是那個年代的我們最津津樂道的回憶。

念航海的我，職涯的最終做到領港退休，工作之餘投入臺灣海洋事業的服務，在擔任中華海洋事業協會理事長與全國船長公會理事長任內經常與學校互動交流，而當年那位水製系的張同學，已經是海大的張校長了。

我們在校長會客室無所拘束的暢談，讓我感受深刻的是他的治校理念，尤其是對海事教育訓練及發展的熱忱。令人印象深刻的是張校長說：「海洋大學若缺了海事這一區塊，就不是完整的海洋大學，所以他要振興海事，做到與產業對接。」之後我們都看到他率領團隊的面對與努力，由於他的積極任事也贏得了一些曾離失校友的回歸與大力支持。

之後，他也應我的請託，在2015年接下中華海洋事業協會理事長的職務，持續推動兩岸海事議題的交流互動，成效卓著，深獲兩岸海事教育及海運界的尊崇。

張校長治校的政績大家都有目共睹，他任內拓展了校區，美化了校園，我們班上同學也以行動鼎力參與，在2015年海大62週年校慶，由黃玉輝、馮台源、徐永浩邀集我與另十位65級航海甲、乙班同學捐建了濱海校門的螺旋槳景觀；在他卸任之前，他接受了我再捐陸上展示用的安全浮燈標，立於自由中國號的奇航園區內，增加海大的海事意象，夜晚亮起摩斯碼打出的國立臺灣海洋大學就在這裡，讓來往的行旅都能感受到航海的氛圍。

　　人生中的夢想與理想要能達成誠非易事，張校長常說他以身為海洋大學校長為志業、為光榮，他旺盛的活力與執行力，短短八年翻轉海大，張校長你做到了，身為校友的我們更是倍覺光榮。

黃玉輝
海大商船學系系友會榮譽會長
2012年海大傑出校友

65 航 海

　　黃玉輝領港，65級（1976年）航海學系畢業。在航海界服務長達四十年的黃玉輝學長從三副一路升到船長，於1996年開始擔任臺中港領港。黃玉輝學長擔任臺中港引水人辦事處主任期間，勇於任事，積極對船東、船商提供最優質之領航服務，引領船隻進出港口，成功協助臺中港於2010年正式晉級為億噸港口。

　　黃玉輝學長熱心參與母校校務發展活動，除協助螺旋槳校園景觀工程設立，亦經常返校演講，透過自身經驗傳承並勉勵學弟妹完成航海人的夢想。

叫你第一名！

記得是2012年的一天下午，我回海大模擬操船結束後，信步校園走到行政大樓，想跟新上任的張清風校長說個Hello；走進校長室，祕書立刻認出了我：「黃領港您要來找校長嗎？」我回說：「沒有什麼要事，今天回來學校模擬操船，功課完畢回家前，順便跟校長請個安。」

此時，祕書馬上連絡公出在外，正在回校路上的校長，校長特別交代祕書接待我到貴賓室，請我等他返校；我心裡想著我只是一位畢業好久的平凡校友，拜訪未遇卻得到這樣禮遇，還讓校長趕路回來，懊惱把打個招呼的事情搞大了，但心裡還是帶著期待，能和校長聊個天，張校長就是這麼親切深得我們校友的心。

話說，校長上任初期，當時中油在臺中港建了第二個天然氣的卸收站，合資建造了四艘液化瓦斯運輸（LNG）船，專門用來航行於臺中港與卡達港之間，這幾艘船雖然掛的是巴拿馬籍，但大股東卻是國營事業的中油，可是連一位臺籍的航海或輪機的實習生都沒有，因此趁著與張校長見面的機會提及此事，希望張校長能幫忙航海生、輪機生上船實習，學以致用以達就業。

沒想到校長立刻應允處理，我這校友的反映立即見效！隔年在我領船時就在那船上遇見了商船學系的三位女實習生及一位輪機男實習生，其中一位住在嘉義莉桐的林姓學妹，還接連在菲律賓籍或印度籍的台達輪船上工作，實習的場域培養出她的航海英語溝通能力及液化瓦斯船的實務運輸專長，林同學自此擁有難得的學習環境，當時我正擔任臺中港引水人辦事

處的主任，心想假以時日她定能大放光明，但她可能不知道這個造就她踏入職場的小幸運，到中油的台達輪上實習而順利進入航海事業，實是張校長當時重視校友建議的臨門一腳督促而成的，於此可見校長的見微知著，就為了造化海大的莘莘學子。

2013年10月是海大60週年校慶、一甲子的生日，校慶日那天慶典活動從早上到晚上豐富精彩，回娘家的校友超過千人，特別讓人印象深刻的是學校居然在「台閩之星」舉辦了空前未有的客輪校慶晚宴活動，對於一生從事航海的我，這別出心裁的設計更是難以忘懷，至此大家還津津樂道，這也是主張活力創新海大躍進的張校長，展現創意與執行力的一面。

張校長非常重視校友，經常舉辦活動邀請校友回娘家，隨著回母校的頻率增加，更有機會咫尺貼近張校長，察覺到他對每位校友與同學生活與學習的關心，名符其實的海洋大學大家長，我們經常開玩笑的問，好奇校長是否裝了AI的臉部辨識器，不然怎能記得如此之多。

這些年來學校年年讓我們驚豔，從校園新蓋的建物、景觀甚至一草一木很多都是校長親力親為，有次跟老同學一起返校，同學說他只記得已經劃入校區內的那條北寧路（註：第一條北寧路為校友稱之校區的北寧路，現今位置在山海迴廊下方的校園道路；北寧路第二次改道為現在運動場旁的機車停車場；第三條北寧路就是現在的濱海公路），我開玩笑的回說：海大已經給張校長「弄得面目全非了」，校園愈加美觀精緻，那淒風苦雨小小的海洋學院我們只能去校史館回憶了。

這八年以來，張校長對於海大的建樹甚多，不遺餘力的擴展版圖，諸如：桃園觀音育成校區、馬祖校區、基隆海事改制為海大附中等。

令人印象深刻是幾次見到校長提著行李箱，與我們驚鴻一瞥後隨即風塵僕僕地趕往各地會見校友或國際交流，有時身邊會有學校同仁陪同前往，而這些教職同仁都是校長的得力助手，逐步完成校長交付的任務。

張校長跟我們三人：徐國裕、馮台源、我（黃玉輝）都是1971年進入海大就讀的同學，校長常於聚會場所特別介紹我們，大家共聚一堂，與有榮焉的分享了校長的成就與榮耀。

今年（2020）3月28日的春遊海大活動，當天天公給了我們東北角基隆春雨綿綿原汁原味的天氣，毛毛雨把我們拉進了四十幾年前時空隧道回味無窮。活動結束後，我們三人還跟著張校長去參觀剛搬進海大，第一艘橫渡太平洋、從美國奧克蘭港運回基隆的木帆船——自由中國號，校長滔滔不絕的述說，要在他未來僅剩的幾個月任期，把自由中國號的歷史結合鄭和下西洋、麥哲倫航海圖等，在他擘畫的航海園區呈現出來。

期待著我們再聚於這金氏紀錄畫之下，張校長無時無刻都在想著，如何讓海大更好更美，我們不約而同地比出「讚！」、「押霸！」、「叫你第一名！」張校長您是「傑出校長」，受之無愧啦！

馮台源

寧波龍安包裝科技有限公司名譽董事長

海大上海校友會榮譽會長

2016年海大傑出校友

65 航 海

馮台源董事長，65級（1976年）航海學系畢業，並於美國史丹福大學、哥倫比亞大學、西北大學Kellogg管理學院進修高級管理訓練課程。馮台源學長曾任職英商太古洋行、德記洋行。自1987年進入美國國際紙業公司服務，一路歷練升任為亞洲區資深副總裁，任職期間受到業界和客戶的尊敬和支持。

馮台源學長事業成就斐然，亦熱心校務發展，除捐贈海大62週年校慶（2015年）建置螺旋槳校園景觀工程外，也與夫人邵玉花女士共同成立「馮台源校友及夫人邵玉花女士伉儷獎助學金」，希望協助更多清寒優秀的學生透過教育改變自己的人生。

TO Dear Principle of NTOU, Mr. Chang

During 8 years services, what you have done for the students of NTOU, you have successfully demonstrated to us your great leadership , undoubtedly, you are rich in characters of diligence, endurance, enthusiasm, thoroughness and creativity. I am very proud of you.

All of these are interminable chain of memories to us ! my friend.

Please see the definition of characters:

Diligence: Investing all your energies to complete the missions.

Endurance: The inward strength to withstand stress and do the best .

Enthusiasm: Expressing joys in each work and always give it your best effort.

Thoroughness: Knowing where/what to neglect will diminish the effectiveness of works.

Creativity: Approaching and needs or works, ideas often from a new perspective.

All the best wishes and success to you and yours family.

Faithfully

涓滴成流

後 記

　　首次遇到清風校長是在上海，他剛剛接下了李國添前校長的職務，到上海和校友學弟們見面，邀請大家回校參加母校一甲子校慶，海大華東校友會爲校長舉辦接風晚宴。

　　一晃眼就過了兩任共八年。

　　猶記當年的清風校長在晚宴席間，他的熱情滿滿、活力十足，跟每一桌的學弟妹們敬酒，敘說著他的理想抱負，他說要把海大躋身國際名校之列，說到感動之處，都落下淚來。這位校長認眞辦學的理想情懷，熱情待人接物，現在看來，他和領導的團隊都實現了當年他說的話，確實不同凡響，替中華民國的海洋教育寫下了不凡的一頁。

　　校友們回憶清風校長在海大的建樹，與有榮焉！

　　海洋大學馮台源校友及夫人邵玉花女士伉儷獎助學金捐贈人　馮台源

張永聲

中華海洋生技股份有限公司董事長
網際智慧股份有限公司董事長
哈維特國際股份有限公司執行董事
台灣聯合抗癌協會理事長
台灣厚道社會服務聯合會理事長
2017年海大傑出校友

65 環 漁

　　張永聲董事長，65級（1976年）環境生物與漁業科學學系畢業。於1979年加入英商德記洋行，自基層一路勤奮拼搏，成為英商德記洋行百年來第一位華人董事總經理。張永聲學長在德記洋行服務的這段時間，成功代理行銷多項國際知名消費產品，使德記洋行成為海峽兩岸第一流的消費品行銷物流公司，同時也為消費品市場培養了許多優秀的高階行銷業務人才。

　　張永聲學長從德記洋行退休後，創辦Hi-Q中華海洋生技股份有限公司，專注於生態循環養殖與海洋健康產品發展。在經營事業外，張永聲學長本著回饋社會及母校，嘉勉有志於食品生技產業的學子，每年提供獎助學金，自2016年起捐款金額達886,000元。張永聲學長也每年從公司盈餘編列預算支持公益團體，積極從事抗癌與扶助弱勢族群的公益志業。

校園改變學生最有感

每次與張清風校長見面，都深深感受到他的熱誠與活力！尤其每次聽他神采奕奕的介紹母校軟硬體的新建設，以及各項計畫與活動的發展，更是對他為母校全力打拼的精神與付出感到敬佩！

有一年，校長親自帶著我及公司的夥伴認識母校校園，沿途我們看到很多學弟妹主動向校長問好，同時校長也能夠叫出一些學生的名字並問候他們。這種情境實在非常溫馨與難能可貴！今年（2020）4月下旬，我與公司夥伴前往馬祖分校參訪，除了聽到學弟妹提到校長對住校同學的伙食、宿舍與各項設施用心貼心的規劃與關懷，同時也聽到地方政府長官以及養殖、觀光業界感恩校長全力推動實現海大在馬祖設立分校的努力與貢獻！

清風校長在歷屆校長打下的良好基礎上，秉持「活力創新」、「海大躍進」與「海大精進」的治校策略，於短短八年間，將海大打造成全世界海洋相關科系最完整且最具海洋特色的國際海洋頂尖大學！這樣的成長與成就著實讓所有海大校友與師生感動與驕傲！

在此謹向清風校長表達衷心的感謝！同時也誠摯祝福您　身體健康！萬事如意！日日開心！

蔡日耀

前行政院農委會漁業署署長

2014年海大傑出校友

65 漁業
94 應經所

　　蔡日耀學長，65級（1976年）漁業學系、94級（2005年）應用經濟所畢業。蔡日耀學長擔任公職期間，長期參團或率團參與國際漁業公約談判及國際漁業管理組織委員會會議，折衝樽俎，突破國際政治現實，發揮我國漁業外交影響力，擴大參與國際組織，爭取我國漁業權益有成。

海大邁向頂尖校長功不可沒

說起與張校長的認識是在2010年,當時我在漁業署副署長任內,接到農委會黃有才副主委辦公室來電,趕赴辦公室,經副主委介紹,才知道來訪的人是張清風校長(當時張校長還是海大副校長),這是我第一次與張校長見面結緣。

經張校長說明來意,係因教育部繼2006年至2010年「發展國際一流大學及頂尖研究中心計畫」之後,推出新一期2011年至2015年之「邁向頂尖大學計畫」,審議過程中公私立大學使盡全力爭取,競爭非常激烈,希望農業委員會鼎力支持海洋大學。

當時的張校長侃侃而談有條不紊讓我記憶猶新,具體說明母校發展方向,並就海洋中心之優異領域與基礎、研究範圍項目、經費規劃與需求、預期目標與績效等,於意見交換時,以堅定自信的態度,提供海洋科技研究與發展「全球變遷與海洋科學」、「水產科技與疾病防禦」及「海洋能源與電資科技」等具說服力的堅實有據資料。

嗣後,我代表農業委員會出席教育部召開邁向頂尖大學計畫相關會議,運用張校長提供的資料,表達全力支持海洋大學。教育部於2011年4月公布邁向頂尖大學計畫審議結果,母校獲得特別補助的五所大學之一。我能為母校發展盡棉薄之力且獲有結果,屆此,如釋重負鬆了一口氣。

2012年母校李國添校長任期屆滿,由張清風校長接任,在李校長和所有前任校長打築的堅實基礎上,這八年來,我們看見張校長整合並改善校內學術資源,成立校友會總會連結校友,爭取外部資源,結合學校、校友

與產業三方面資源，擴大母校對社會的貢獻與影響力。

　　母校在張校長和歷任校長的卓越領導以及所有師生及校友的努力下，績效持續提升，如2018年英國泰晤士報高等教育專刊大學排名中，母校持續獲得亮眼成績，在亞太區大學排名第181名（全國第15名），其中在生命科學專業領域更是全球前500名（全國第4名）；在遠見雜誌公布的2018年臺灣最佳大學中，母校亦表現不俗（綜合類大學第13名）。在在展露母校已發展成為一所世界級的海洋頂尖大學，這些成就大家有目共睹的，身為校友與有榮焉。

　　時值張校長任期屆滿，感謝勤於治校，績效卓著，祝福鵬程萬里，再創高峰。

邱蒼民

東駒股份有限公司董事長
海大電子電機系友會榮譽理事長
新北市永和區太極拳協會理事長
李昌鈺博士物證科學教育基金會榮譽董事
2010年海大傑出校友

66 電 子

　　邱蒼民董事長，66級（1977年）電子工程學系畢業。邱蒼民學長退伍後，先進入萬華電子從事維護雷達聲納通訊設備工作，後至新力集團接觸影音安控傳播設備之工作。累積豐富工作經驗的邱蒼民學長，開設「中國電氣」補習班，將自身累積的經驗傳授分享予他人。

　　邱蒼民學長於1985年成立東駒公司，現階段主要負責設計承包維護機場港口等安全安檢設備。邱蒼民學長堅守事業亦熱心公益服務，同時關心教育理念。故此，邱蒼民學長自2010年起至今捐款近600萬元，捐款用途除支援海大進行太極拳自動評分系統研究計畫、穿戴式無限運動感測技術研究計畫等相關產學合作外，亦做為學校獎助學金、關懷弱勢學生安心就學助學金、清寒獎助學金、校務發展基金等，回饋母校、鼓勵積極向學學子。

偕校友將母校推上世界的浪尖

　　張校長在八年任期內帶領海大在多方面成長與大躍進，大家都有目共睹！八年前我有榮幸代表校友參與校長遴選，而後成為校務諮詢委員，多年來參與大大小小的校務活動，得近距離觀察張校長孜孜不倦推動校務過程中與師生校友們的真誠互動，內心佩服之餘也希望能與大家分享我心目中的張校長：

—他有著超強記憶力，對校務發展瞭若指掌，甚至畢業校友也能親切的稱呼其姓名。

—強調經驗傳承和產業接軌，邀請校友總會在校內開辦通識課程「傳承與創新──王光祥講座」，由王光祥總會長與林見松國策顧問號召事業有成的傑出校友回校分享經驗。

—在教學上，張校長嚴慈並用，能與師生做朋友，亦能不假辭色實事求是。我認為校長受到很多熱情傑出校友影響，了解社團人脈、通識教育的重要，不以成績代表一切，而教導學生在做人處事上多著墨，讓海大的學弟妹踏出校門後更有競爭力。

—任內對建設海大採取刻不容緩之姿，投入任何與海大建設相關事務時耿直無私，令人敬佩。數度擴展校區，在歷屆校長的基礎上發展規模，從基隆校本部的祥豐校區、北寧校區、濱海校區到桃園觀音育成校區、離島馬祖校區、貢寮保育中心以及將基隆海事提升為海大附中等，在在都讓海大縱向橫向地日益茁壯。

一為了籌措建設經費，張校長身體力行，帶頭向各界募款不遺餘力，校友們時常感染其心念亦共襄盛舉。校長發起的學校人工草皮運動場籌建募款行動，更讓電機系友們深受校長無私治校理念感動，在短短時間內就集資了100萬元，募款行動中校友中心吳瑩瑩主任總是全程跟隨執行任務。記得在海大60週年前夕張校長聽聞電機系香港校友葉森然大學長和我大學同學陳榮就愛校的捐款心意，立馬搭機赴香港募款，我也與張校長同行，因而見證了張校長劍及履及的行動力，實在令人感動和佩服。

一在我擔任電子電機系友會理事長期間，參與籌建海大電資大樓計畫和電機系友募款，協同當時前後任電資學院張忠誠院長、程光蛟院長、鄭慕德主任及校友中心吳瑩瑩主任，集電機系友之力募得約1,500萬元。張校長上任後依序解決工程糾紛、更改設計又爭取將興建面積從2,000坪擴增至3,000坪，總建造經費將近3億元，歷時十年的籌建過程艱辛，這棟地下一層地上九層的電資暨綜合教學大樓終於要竣工使用，造福莘莘學子。

一海大建校已六十七年，校友於各行各業表現傑出。張校長深知校友是學校寶貴的無形資產，不僅很願意聽納校友的建言，任期內還先後成立了海大校友總會，與臺北醫學大學、臺北科技大學、臺北大學等四校校友總會結盟為「臺北聯合大學系統」。最近海大更獲邀加入臺灣聯合大學系統（中央大學、交通大學、清華大學及陽明大學），大幅度提高了校友與學校之間的交流、校友與校友之間的互動，並集結各校校友力量協同擴展學校建設，校友們都與有榮焉。

一張校長懷抱著讓海洋大學成為國際頂尖大學的遠見，近年更帶領海大師生迎向AI時代。2018年我鼓勵電機系王榮華主任以配合款方式，由校友和校方集資先在電機系成立AI實驗室，校長並全力支持。張校長深知AI對成為頂尖海大的重要性，近年來持續招募AI人才，並全力推動促成校級AI研究中心成立。今年5月校級AI中心即將正式掛牌營運，期待我校獨特的AI海洋資源特色未來能獨步於全球。

專家學者出身的張校長治校經營廣察納言、授權分工、企業治理，展現卓越領導宏觀格局。驀然回首，張校長已默默將海大發展推上了世界的浪尖！

李新民

中鋼運通股份有限公司董事長
2019年海大傑出校友

67 輪機

　　李新民董事長，67級（1978年）輪機工程學系畢業。李新民學長於1990年前往美國加州大學洛杉磯分校攻讀企管碩士，1993年開創貿易業務，1995年中鋼民營化後，規劃並籌設中貿公司。

　　李新民學長於中鋼、中貿工作任內，經營並強化國內上下游夥伴關係，提升各產業國際競爭力，協助扣件業、手工具業、機械業等產業創造高額產值及出口單價，成功拓銷中鋼汽車用鋼至美國通用、德國福斯及全球各大知名車廠，並成為特斯拉全球唯一馬達用鋼供應鋼廠。李新民學長擔任台船公司董事期間，積極協助台船公司爭取國艦國造及國輪國造業務，成果豐碩。

　　李新民學長擔任中鋼運通董事長任內，期許公司推動任用臺籍船員需達90%以上，並與各海事院校進行產學合作，在培養海事人才與推動航運發展領域貢獻卓著，堪為楷模。

我最敬佩的大學校長

　　與校長第一次相見，是2019年5月28日，當天我回母校，與「傳承與創新──王光祥講座」的同學們分享求學與求職生涯的回憶，下課後到校長室，這才終於一睹校長的風采，因為多年來，校友服務中心總會捎來校長的信，我想，做為一校之長，校務那麼繁忙，怎麼可能常給校友寫信，這樣的人，不是熱情洋溢，就是精力過人，那天見到了校長，才發現兩者都是。

　　第二次相見，是同年的6月18日，王光祥總會長辦的講座謝師宴，校長帶著師母來參加，席間總會長要求大家既然來了，也要講講話，輪到我的時候，我便藉酒壯膽，跟校長說，航運界很希望母校多培養海事人才，講完以後，原以為校長一人對眾人，頂多說，好的，這事我會重視，沒想到校長先瞪大了眼睛，然後說：「你什麼時候有空來學校，我詳細跟你介紹學校現在在做什麼。」

　　7月間，我帶著兩位同事來到母校，校長已經事先約好了所有相關的主管，先是簡報接著會談，那天前後兩個小時，校長全程參加，雖然中間因電話或祕書進來報告而短暫離場，但是他專注的態度，帶動了會場的熱度，也深深感動了我。

　　母校至今已經發展為擁有七個學院的重點大學，但海事人才的培育，仍是業界的期盼，如果不是校長的重視與堅持，恐怕航輪兩系，隨著社會環境的變遷，已逐漸式微，如今不只兩系屹立不搖，還分別增設了兩系的學士後專班，讓有志上船工作的一般科系畢業生，能再攻讀三個學期，

取得第二學位，並開創海上職涯，這不只造福年輕學子，也紮紮實實為航運界培育優秀的生力軍。

我從母校畢業以後，一直都在鋼鐵領域工作，直到2019年因為調到中鋼運通服務，才進入航運界，因為6月與7月的兩次與校長會面，才得以趕上當年度學士後專班的開班，參與補助學雜費，為培育海事人才略盡一分心力，想想如果不是校長的高瞻遠矚，不忘初心，海事教育恐怕會逐漸凋零。

我的父親是小學校長，我沒有跟他一樣從事教育，我這一輩子也沒有機會當校長，但是我有一位學長是大學校長，他就是我最敬佩的張清風校長！

李業忠

漢陞聯運股份有限公司董事

70 航 管

　　李業忠學長，70級（1981年）航運管理學系畢業。目前服務於漢陞聯運股份有限公司，該公司於1993年在臺北成立，並於1997年設立上海分公司，亦在2000年分別在香港與廈門創設集團公司，近年也於新加坡設立海外分公司，在國際運輸業界持續不斷壯大公司規模版圖。

　　李業忠學長事業有成之餘，亦熱心回饋母校，同時更多次代表海大參加臺北聯合大學系統校友聯合會高爾夫球聯誼賽，以球會友聯繫校友情誼。

挺胸相伴清風而立

有幸在校友總會與張清風校長認識，初識時，窺其土味，言語橫飛，過動激情，略漸熟稔後，才見識其如君子般淳樸，對校務的熱情，不懼海浪的意志力，跟隨他的同僚也就隨著這股向上的清風表現的可圈可點，也因為張校長讀過海大，深知學校亟需，今天海大的「校容」才能氣勢恢宏，吾等學弟才能以海大為榮，挺胸相伴清風而立，但是這位生命力十足的學長卻即將要從海大校長的寶座退休了！謹記此文，敬祝張清風校長福泰安康，萬事如意。

周朝文

神強資訊股份有限公司專案經理
海大臺中校友會副理事長

72 環漁

周朝文經理，72級（1983年）環境生物與漁業科學學系畢業。周朝文學長對於校友情誼的連結，總是熱心付出不遺餘力，曾組織邀請熱愛高爾夫球的校友們，協助辦理海大校友盃高爾夫球聯誼賽，凝聚校友力量與情誼。

而臺中市國立臺灣海洋大學校友會更在周朝文學長的帶領下，校友會每個月皆會辦理講座、健康活動等，加強連結臺中校友彼此間的情感。臺中市國立臺灣海洋大學校友會成員亦常常出席母校活動、支持學校各項校務，因此臺中市國立臺灣海洋大學校友會成為海大臺灣區最活絡的校友會，成為各區校友會爭相模仿的模範。

國立臺灣海洋大學張清風校長卸任紀念

國士無雙，楚璧隨珍。

立地書廚，浩如煙海。

臺閣生風，敝車羸馬。

灣泊瀛洲，卯酉仗鄉。

海納百川，廣招群賢。

洋溢妙趣，卓爾出群。

大功畢成，躍馬揚鞭。

學優則仕，奔逸絕塵。

張皇幽渺，鴻儒碩學。

清寒貧苦，囊螢映雪。

風櫛雨沐，動如脫兔。

校際聯盟，群英薈萃。

長材茂學，時雨春風。

卸甲解衣，作育菁莪。

任重道遠，夙興夜寐。

紀渻木雞，筆塚研穿。

念舊惜賢，功成身退。

蔡登俊
超捷國際物流股份有限公司董事長
紙風車文教基金會董事
2014年海大傑出校友

73 航管

　　蔡登俊董事長，73級（1984年）航運管理學系畢業。於2000年成立超捷國際物流股份有限公司。提供全球客戶國際貨運代理、進口、出口、中轉等業務服務，憑藉著超強業績及完善經營，連續多年榮登臺灣地區前五百大服務業。

　　蔡登俊學長在培育後繼不遺餘力，提供多項教育訓練課程，孕育許多優秀人才，貢獻臺灣國際運輸產業。蔡登俊學長更在寒暑假及各學期積極推動、協助各學校相關科系之學生短期實習計畫，對促進產學之間的合作，貢獻極大。

　　蔡登俊學長亦長期關懷及贊助公益活動，並致力於各項藝文活動之推展。自2011年起蔡登俊學長以公司名義長期捐款已逾469萬元，款項包含支持大學生短期出國進修計畫、成立獎學金及支持校務發展等，以樹立企業取之於社會、用之於社會之典範。

從陌生到熟悉的暖心

某天，耳邊響起民歌秋蟬熟悉的旋律：「聽我把春水叫寒，看我把綠葉催黃，誰道秋下一心愁，煙波林野意幽幽……」，隨口把張校長入歌，唱出：「聽我把海大叫響，看我把校區擴展，誰道校友四處散，校慶餐會全回暖！」張校長把海大變大、變強又變多了，真是神奇的校長！

我是海大73級航管系畢業，在創業的初期，因為忙於公司業務的擴展，很少與母校聯繫，2012年張校長上任後，經由林光老師的引介，認識了張校長，這七、八年來和海大與張校長互動很多，張校長在我心裡有幾個特質：

熱情四溢：每次看到張校長，他總是充滿熱情談笑風生，親切的喊我這小老弟一聲「登俊學長」，讓我受寵若驚，又倍感親切。

精力無窮：張校長在任內，推展各種校務，建立附中擴充校區，校區從基隆擴展到桃園觀音、馬祖校區，學校形象多元又活潑。

重視畢業校友：張校長任內舉凡校慶、感恩餐會、榮譽校友等各項活動廣邀校友參與，聯繫校友情誼，讓校友彼此間認識，串起校友的溝通平台，校友間有更多的聯繫，增加更多合作的可能性。

從剛開始的陌生到漸漸熟悉，我十分敬佩張校長也尊敬張校長，有張校長在的地方永遠不會冷場，因為張校長，讓我重拾跟海大的連結，也覺

得更應該盡一份學長的責任，過去幾年來超捷每年提供獎學金回饋母校，也每年提供海外建教實習名額回饋母校。海大人才濟濟，海外實習目前已經累積有十人留任在越南和柬埔寨，跟超捷集團一起開創物流事業的版圖。

校友會、傑出校友、榮譽校友、感恩餐會、校區拓展、校長推動的各項建樹，尤其是讓我吃飯吃的有點壓力的募款餐會，這些看起來有壓力卻意義不凡的事情，校長都一一的推動，將學校的聲譽推向另一個高峰。張校長熱情四溢，對於校友的串連與支持更是不遺餘力，今年3月超捷集團臺北港國際物流中心成立，特別感謝張校長不畏疫情蒞臨致詞，讓物流中心的開幕增添不少光彩。

謝謝張校長的各種建樹與對校友的重視，讓我重拾與學校的連結，更有參與感也找到歸屬感，以前覺得海大畢業只是中段班普普通通，現在覺得我以海大畢業為榮。值此校長卸任之際，再次感謝張校長為學校與校友所做的一切，謝謝您！

周正訓

阿默企業有限公司董事長
海大食科系北區系友會會長
海大食科系系友總會總會長
2014年海大傑出校友

74 食科

　　周正訓董事長，74級（1985年）水產食品科學系。畢業後於南僑化工任職，因創業心切，為學習拓展、培養業務人脈，轉職進入統一油品擔任業務，於業務工作期間累積能量，終而獨立創立「阿默蛋糕」品牌。阿默蛋糕以樸實外表、卻有驚人美味聞名，採用天然食材、嚴格品管認真製作每塊蛋糕，今日已成為臺灣最知名蛋糕品牌之一。

　　周正訓學長透過產學合作計畫，與校內多系進行合作，並曾多次返校演講，分享創業過程，更以實際行動支持母校，其捐款成立「旺默（阿默）食品企業有限公司獎助學金」，用以支持馬祖校區校務發展、學生短期出國進修計畫、清寒同學急難救助等，捐贈金額近800萬元，培養母校人才可說是不遺餘力。

一位讓人誠懇動心的大學校長

沒有過動的校長，就沒有動起來的學校，2013年海大60週年校慶前夕，張清風校長在校友中心吳瑩瑩主任與當時在校友中心服務的郭惠芳（小龜）專員陪同下，來到Amo阿默蛋糕土城總公司，第一次有母校校長到訪，與校長初相見真的令人驚訝與興奮，平易近人的他一點架勢也沒有，海大發展藍圖的願景在他誠懇的言語中一一揭露，我被感動了。

原本只想「默默」工作的我，因為張校長的關係，讓我這失聯將近三十年的校友再度走進校門，有機會回憶過往的點滴，也有幸參與學校的發展，感謝張校長給了我這個機會，更感謝張校長開啟了大門迎接所有的校友回娘家。

「周學長，有沒有空？張校長想邀您到馬來西亞拜訪畢業校友。」隔幾個月，又接獲校友中心來電，「周學長，有沒有空？張校長想邀您一起拜訪大陸的校友會」……，「我的天啊！校長您要不要休息一下？我有一點忙碌，下次有空一定陪您去。」我內心吶喊著。

張校長在其任內行動天下，而足跡所及，許多校友企業包括阿默蛋糕也被校長宣傳到了全世界，校長就是我們最佳的 Top Sales，我也終於明白為什麼每年的校慶總有那麼多海外的校友回校共襄盛舉，張校長幾年來的努力築起了長長的橋梁，讓所有海內外的校友回學校的路更近，聯繫也更方便，海內海外的校友關係因此也更為緊密，現在出國只要講你來自海大，就會受到海外校友會熱烈的接待，尤其是資訊的提供與資源的協助，真的是「海外存知己，天涯若比鄰」，Amo受惠了，張校長，讚啦！

這幾年來張校長任內光是校友的捐資興學也是屢屢創新高，印象中的人工草皮運動場、食科系甲子廳、畢東江國際會議廳、全興書苑、木蘭海洋海事教育大樓、宏廣書屋、海洋夢想基地、王光祥暨海大校友國際學舍等都是，校園景觀改變讓人一新耳目，無法一一詳列，整合發揮校內外資源，張校長的努力無人能出其右。

　　海大基隆校區在歷任校長不斷填海造地的努力下，校區也不斷的向海借地，海有多大，未來海大就有多大。去年（2019）張校長還成立了海大馬祖校區，並在9月19日正式掛牌舉辦開學典禮，學校有三個系同學在二年級時在馬祖分校上課；張校長有海陸兩棲部隊的精神，與海爭地不夠，將校區擴展的腦筋動到了陸地，今年（2020）桃園觀音育成校區也陸續動工。讓進入新甲子的海大，在鄭森雄校長填海造陸後，校區還有機會用不同型態擴展。

　　頂著法國教育騎士勳章光環的張校長，已有著崇高的學術地位，除了海大學術地位顯耀國際之外，我更要說張校長的心胸有多大，海大就有多大，海大人就有多榮耀，我以身為海大人為榮，感謝感恩這位讓人誠懇心動的校友校長。

陳冠人

連江縣政府教育處處長
榮獲教育部全國中小學科學優良教師
榮獲教育部優秀訓導人員
榮獲全國社會教育有功人員三等服務獎章
榮獲福建省特殊優良教師
2018年海大傑出校友

75 養殖

　　陳冠人處長，75級（1986年）水產養殖學系畢業。陳冠人學長歷經二十八年基層中等教育教學及行政工作後，因緣際會返鄉擔任教育行政一職。身為海洋人，堅持在海洋與教育的航道上，揚起期待的潮浪。

　　陳冠人學長擔任連江縣教育處長任內，積極爭取教育部同意成立國立臺灣海洋大學馬祖校區。海大馬祖校區於2015年10月16日終獲教育部核定，並完成四年招生。海大優質的課程與教學拓展，必能引領兩岸海洋教育，翻轉離島教育發展之困境，使海大馬祖校區成為蘊含學術與實務兼具的重要據點，兩岸海事人才培訓的搖籃。

清風拂山崗　明月耀海洋

　　三十多年的歲月倏忽，有些畫面漸次模糊，卻始終誌懷母校當年書立於育樂館「開發海洋，御駕海洋」的期許，那是來自師長的啓航希冀。依舊深刻的是，滿腹理想，胸懷壯志的曾經，以「湛藍而深邃——海洋是我們一輩子不悔的志業」，作爲75級畢業紀念冊主題述語，那是感懷母校培育之情的積極回應。

　　我，本來自海洋中的島嶼，歷經二十八年基層中等教育教學及行政工作後，因緣際會返鄉擔任教育行政工作。不僅是再度熱切擁抱海洋的機緣，也是牽繫教育實踐與生命志業的高度聯結。我是海洋人，也是教育人，我在海洋與教育的航道上，揚起期待的潮浪。

　　一句「老師，您記得告訴我們的那句『要盡社會責任』嗎？」就是張清風校長及母校師長們力行優質大學社會責任的使命實踐，各系所團隊的傾力擘展運行。決定開啓海大在馬祖立基，堅定前行的努力歷程。當然，最關鍵的因素是校長清風拂山崗般的意志堅定，堅持做對的事，雖千萬人吾往矣的毅力。尤其，更令人佩服的是源源不絕的動能，勇往直前的睿智，配合劉增應縣長恢弘前瞻的政策遠見，陳雪生立委智慧圓融的全力爭取，張永江議長目標導向的鼎力襄持，我僅承縣長之命，職司擘畫教育行政之相關配套作業。方得以成就美好的起點，同心啓動著這項不可能任務的希望旅程，穩踏著堅實的步履前行，過程中，我們積極遊說倡議，舉辦公聽說明，凝聚社會共識，克服萬般困難，2015年10月16日國立臺灣海洋大學馬祖校區終獲教育部核定，並完成四年招生。在高度期待中的實現，

自是備受社會大眾的肯定與青年學子的欣迎。

　　有幸參與校友總會向師長與學長們學習，陪著校長走讀校園，更深刻感受到校長卓越領航海大的用心軌跡，從在校學弟妹與校長的熟悉互動，熱情回應，校友學長姐們感受到校長熱力四射，張力無限，都願意回家鼎力相挺的熱烈支持，可見一斑。因此，校長經營校務的前瞻與遠見，讓海大走出去，世界走進來，像明月光耀海洋般的璀璨奪目，奠定厚實根基，成功躍進海洋，開啓海大無限希望的願景與未來。

　　遠望未來，海大馬祖校區之進駐，關鍵價值的引領，教育視野的創見，勢將產生質與量的快速變遷。在母校優質的課程與教學拓展下，必能引領兩岸海洋教育，翻轉離島教育發展；促進產官學界合作，提升馬祖產業轉型發展，讓臺海大馬祖校區成為兩岸海事人才培訓的搖籃，學術與實務兼具的重要教育據點。

　　我們都是海洋人，欣悅地執守著海洋人的堅毅與恢弘，一如那無所侷限的湛藍而深邃……。

　　祝福校長恩師——功成身退，健康愉悅。

方信雄

基隆港引水人辦事處主任
交通部航港局海事評議委員
中華民國仲裁協會仲裁人
海大運輸科學系兼任教授
海大海事發展與訓練中心航海專業講師
中華民國引水協會理事長
2018年海大傑出校友

81 航技所

　　方信雄領港，81級（1992年）通訊與導航工程學系航運技術研究所畢業。方信雄學長第一次參加考試院甲種引水人考試即勇奪榜首，他認為人才培育是學校可以永續發展的關鍵，海運發展趨勢與制度面等議題尚待努力及完善，盼從己身經驗由教育出發，增進領航技術，帶給臺灣新世代一個不一樣的未來。故此，方信雄學長自2002年起至今捐款已逾200萬元，做為學校獎助學金、急難救助金及清寒急難基金等。

最不像校長的校長

　　週末清晨通往體育館的風雨廊道旁，不知名野花上的露滴閃爍，與麻雀跳躍啄食的寧靜景象，突然被一道熟悉不過的親切問好聲，揭開我在海大寧靜校園的晨光序曲。抬眼一看原來是身著西裝昂首闊步卻額頭汗珠微冒的張校長，滿臉笑容地向少數早起的同學問好垂詢，相信這是提早到校的學生或假日加班的教職員才能見到的溫馨景象。

　　拋開學者傲人學術成就讓人覺得崇高的刻板印象，如同假日清晨巡視校園一樣，相信多數人對張校長八年任期的感知一定是「事必躬親、率眞用情、不屈不撓、衝！衝！衝！」的校務行銷高手。對於航、輪兩系師長與校友而言，張校長最令吾等感佩的就是排除萬難，以最大魄力與決心讓這海洋創校二系奮起再振。

　　回顧過往數十年來的臺灣海運發展史，可謂是從無到有，進而名望全球，而這一產業發展進程都有賴海洋大學校友與師長參與支撐，因而母校可謂是推展我國海運發展的重要推手。遺憾的是，自從七〇年代起，由於我國經濟突飛猛進，帶動經貿產業結構的巨變，年輕一代的價值觀念亦隨著社會風氣走向生變，使得海事院校畢業學生上船意願大幅低落，因而有意投入航海志業的年輕人幾稀，造成曾經輝煌的航、輪兩系竟淪為冷門科系；另一方面，由於晚近學術風潮與治學考評焦點從教用合一轉移至論文積點評比，對原本以偏向實務專業技藝為授課要旨的航海科系，每為學術論文量能不足所苦，期間甚至有眼界短視者動念提出廢系之謬議，此對長久以來潛心培育海運重要高端人才的創校二系情何以堪！處此局面，當然

衍生系務發展與產業運作的惡性循環，不僅學生招生不易，連帶的產生學生素質愈趨低落的隱憂。結果海運業者被迫開始雇用外籍船員，以填補市場上原本屬於臺灣海員的空間，於是我國固有的海上人力市場只得拱手讓人。然必須強調的是，前述航商雇用外籍船員的最主要誘因還是降低營運成本，至於前述我國的海事人力供給斷層只是催化劑而已。

張校長接任校長以後，本於力求院系均衡發展，廣拓學生升學就業管道的理念，始注意到被冷落多時的航、輪二系，於是積極排除萬難全力支持此二系的一連串再興方案。當然商船系全體師生的努力配合，也是促使當前系務質量俱升的主要因素。

為求航、輪二系學生畢業後能夠順利上船實習，張校長更多次親自帶領師長拜會各大航商，擺出國立大學校長罕見的最低姿態，使盡其最佳行銷天賦與特質，懇求航商進用海大學生，多數航商無不被其真誠感動而增額錄用。

近年來我因職務關係，在各種場合總是看到張校長的身影，尤其是與校友的互動，即使行程擠滿總是排除萬難風塵僕僕親自出席，讓離校多年的校友備感榮耀與窩心。2019年中華民國引水人年會為例，張校長率領海運學院師長與會並致詞嘉勉，讓大會增添光彩。而最值得吾等引水人感佩的是，校長除於會後餐會逐桌向歷屆引水人校友與寶眷敬酒致意外，更難得的帶領全體師長上台獻唱，此誠為歷年首見的產學合一場景，來自各地的校友學長們心繫母校的情愫油然而生。

值此校長屆退之際，特以海大人為名感謝張校長的卓越貢獻與長年付出，讓吾等不僅以海大為榮，更能珍惜海大並支持海大。謝謝您！張校長。

李政諺

森兆生醫股份有限公司負責人

86 養殖
88 養殖碩

　　李政諺負責人，88級（1999年）水產養殖學系碩士班畢業，迄今擁有20年生命科學產業經驗。自2000年開始為冷凍水產品公司開創全新B2B通路，之後加入賽亞基因研發C型肝炎藥物敏感性檢測產品，並將產品規劃上市。

　　李政諺學長自2007年開始也投入試劑研發，創立森兆生醫股份有限公司，自產自銷布建全球五大洲的科學試劑經銷商通路，供應商品給美國Thermo Scientific，英國Abcam，德國Sigma-Aldrich，日本Wako等通路商。並於2015年開始帶領森兆生醫朝向臨床診斷領域邁進，除了與各校院進行產學合作外，也與多家上市公司進行跨領域合作，將研發成果專利佈局全球。

　　李政諺學長除了商業經營外，更是不遺餘力的回饋母校及關懷社會公益，也受邀至多所大學擔任講師，分享自身經歷。

我的老師―這裡衝那裡去的超人校長

2020年的夏天，國立臺灣海洋大學即將迎來新的校長，現任張清風張校長也將卸下過去兩任共八年的重擔。張校長不僅是位將海洋大學改頭換面的校長，他也是我的指導教授，一位拿過三次國科會（現稱科技部）「傑出研究獎」，教育部最高的教學獎勵「國家講座」教授，與法國頒發的「法國教育榮譽勳位——騎士勳章」的教育家，我的老師。

我的老師是教育家

二十幾年前的我，懷抱著上大學的夢想，如願以償的進入心目中的第一志願「海大水產養殖系」。跟張校長一樣，我們都是高雄小孩北上到基隆讀海大，不同的是當時的張校長名列前茅，尤其是在化學領域。而我則是功課吊車尾，週一到週五美麗的山海基隆，讓剛脫離爸媽管教的我，每天玩到樂不思蜀。九份老街、金瓜石、廟口夜市、和平島，從白天玩到黑夜，從山上玩到海底。每到週五，一個禮拜出現在課堂的次數，用手指頭數就夠了。還記得那個沒有手機，只有公共電話的年代，當我第一次打回家時，著實被老媽罵了30分鐘。因為我第一次離家，居然一個多月後才首次打回老家報平安！可以想見，當時的我成績有多糟，別說考研究所，我只要不被二一就阿彌陀佛了。這個情況，直到我大三因緣際會進入張清風老師實驗室後，此後生活完全改變。

一開始還沒機會接觸老師，光是學長學姐的教導就讓我痛苦不已。老師是生殖生理的專家，實驗室的研究都以分子生物為主，那時最靈敏的標定就是放射線，甚至最先進的1990年代人工初代細胞培養，都是老師從國外帶回臺灣的生物技術，非常不容易進行的實驗。

　　每次的失敗總讓我灰頭土臉，但藉著一天天的實驗操作，老師所帶領的這個實驗室慢慢的讓我轉變。尤其在我兩年的碩士生涯，每天跟著老師做實驗，討論實驗。現在大家眼中的張校長，就是那位活力充沛，這裡衝，那裡去的超人校長；當時帶著我做實驗的張老師，可是才剛從美國回來海大任教十幾年的老師，精力充沛，戰鬥力百分百。整個生殖生理實驗室，上從博士後研究員、博士班，下至我這小小的碩士生，無一不戰戰兢兢的跟著老師的腳步苦苦追趕。每天早上不管幾點到實驗室，老師一定在。晚餐時間他會回家吃師母的菜，吃完後又會回到實驗室，直到黑夜。白天比我們早，晚上也比我們這些年輕人撐的更久。

　　我最常與人分享的，大學的我有一個綽號叫「鴨子」，老師也都叫我鴨子。一天下午，正當我把報告交出去後，開開心心的出去外面洗手間「幹大事」。突然，有如驚天巨響般的聲音傳來：「鴨子咧？他在哪？去叫鴨子過來！」我的媽呀，我的報告出包了嗎？顧不得其他，趕快草草解決，提著褲子跑百米去找老師報到。實驗室離洗手間有將近100公尺遠，他宏亮且中氣十足的聲音，讓方圓100公尺的人聽得清清楚楚，都知道從廁所衝出來那個就是鴨子。也可以想像，當時跟著張老師的學生，所受到的學術訓練是有多麼的驚恐與紮實。跟著老師的日子，99%的時間都一直被鞭策。印象中，他唯一稱讚我的一句話就是在碩二快畢業的時候，「鴨

子啊，平常看你實驗做的不怎麼樣，論文倒是寫的還不錯！」一邊說，還一邊用手指捲著他亂中有序的頭髮。就這樣，嚴格的張老師總算讓我這不及格的學生畢業。

一日為師終身是師

在我過去二十年的工作時間裡，雖然離開實驗室，但一直都跟老師保持聯繫。不像其他優秀的學長姐，他們博士畢業後都能在學術界或教育界占有一席之地。前高雄海洋科技大學、屏東海生館、基隆海科館以及水試所，都有老師栽培的學長姐身影。而我走了不一樣的路，我將科學研究用的試劑，賣給世界各地的經銷商。每一年，老師總會要我去見他，給我時間和他講話，關心我的事業與生活。此時的他不如過去就學時期般的嚴厲，這時候的張老師總愛聽我的生意經，生意好的時候，說說我又拿到一個美國大客戶，或是連在內戰中的小國家也有我的客戶。不好的時候或是當我遇到困難時，說著說著看到老師眼中的擔心，也讓我想起我父親有著幾乎一樣的擔憂眼神。

走遍校園的阿伯校長

2015年的秋天，我把公司從臺北市搬進海洋大學的育成中心。會做這個決定，也是老師的建議。在科學試劑的市場，技術力遠比行銷力來的重要。老師希望我能與學界多交流，相互合作。也因為這樣，我與老師的接

觸更頻繁了。這時候的他，我已經不好意思老師長、老師短的，而是與大家一樣稱呼「校長好！」

　　張校長的身影，總是在學校的某個角落出現。全興書苑、濱海人工草皮操場、育樂館的櫻花道、海洋意象的第一餐廳、學生的創業夢想基地、宏廣書屋、寰宇之書等。這些硬體設備一件件的讓海大改變，改的讓學生更愛海大，改的讓我們這些畢業生羨慕不已。但是，真正讓大家津津樂道的是，他對學生的愛。舉一個例子，中午的學生餐廳，熙熙攘攘，好不熱鬧。常常都會有一個瘦瘦的阿伯，一桌一桌的跟學生聊天。「同學好，什麼系的？這自助餐菜色好嗎？」、「有沒有覺得學校有改變？」、「你知道我是誰嗎？」這就是我們的張校長，拿著餐盤跟學生一起吃飯聊學校，關心每一位來海大讀書的海內外遊子。他的認真，他的投入，影響所有教職員，也感動每一個校友。在他八年的任期，每一寸的海洋大學，都跟之前徹底不同了。

海大是老師的志業

　　每一屆的海大校長，無不兢兢業業的在經營學校，讓這所大學能在臺灣發光，讓國際看見，張校長領導的方式卻與之前校長截然不同。除了他熱愛與在學學生溝通以外，他也儘可能的把畢業的校友圈起來。原本海大的校友會是一個個獨立的地區校友會，例如，花蓮校友會、高雄校友會、北美校友會等。但在張校長與基隆校友會會長洪英正學長的努力奔走下，我們成立的海洋大學校友總會，洪學長為第一屆總會長，這將所有散布各

地的地區校友會，團結成一個總會！這對凝聚校友們的向心力，整合校友資源有莫大的幫助。總會成立以來，張校長不斷的把優秀的校友們一個個拉進來，讓校友的資源得以整合與發揮！最明顯的例子莫過於海大馬祖校區的建設，在第二屆總會長王光祥的號召之下，總會捐了新臺幣5千多萬來協助建設馬祖校區。不僅讓海大馬祖學生享有優良的硬體設備，也把海大的範圍從基隆開始，延伸到馬祖甚至讓產學育成在桃園觀音設校區立足。張校長這八年來的心血，提升了海洋大學的軟硬體，也立下了這所學校令人驚嘆的一頁。

顏汎彬
巨翎國際有限公司總經理

87 養殖
89 養殖碩

　　顏汎彬總經理，87級（1998年）水產養殖系、89級（2000年）水產養殖學系碩士班畢業。顏汎彬學長於2000年成立巨翎國際，公司經營理念是將優質商品帶入日常生活中。巨翎國際公司主要行銷及代理國內外商品於網路及實體通路販售，並積極參與臺灣技術商品研發。近期與海大專利衍伸團隊共同開發一系列「炭原力」多胺生物炭相關抗菌應用產品。顏汎彬總經理並於新冠肺炎疫情期間，捐贈母校「炭原力」抗菌液供學校師生使用，為校園防疫工作增添利器。

我的老師張清風校長

與張校長的緣分從大三那年說起，當時我打算考研究所，所以進入校長（當年的張清風老師）的生殖生理實驗室學習，發現嚴格的張老師無論在學業要求與研究驗證上，實事求是，絕對的一絲不苟，讓我深刻體會科學家應有的嚴謹與態度，這也讓我在大四那年寧願在實驗室做實驗而放棄參加人生大事的畢業典禮。

已在學術上具有知名度的張老師，仍然不斷去國外將新的技術引進實驗室應用在研究主題上，所以研究所時期的我，除了學習到如何尋找問題、解決問題外，更自我要求精益求精不斷進步，潛移默化的影響，更讓我在創業過程中受用無窮。

嚴格的張老師其實對學生非常關愛，從他當校長親民的表現就可以看的出來，念書時老師曾經對我說，沒有不能教的學生，只是要用不同的方法，對於進度落後的學生老師仍然諄諄教誨，當時年輕氣盛的我不了解為什麼，但現在的我已經完全可以體會，這就是教育家的風範。出了社會，老師每次見到我都會問我公司營運狀況如何，擔心害怕我被社會大學當掉，校長對於學生的關愛已經是視生如子，我相信絕對不是只有我有這種感覺。

如何將自己對辦學治校的想法貫徹實踐，非屬校長一職，最高職位承擔最高責任，相信八年前張清風校長一定是有備而來。張校長對於國立臺灣海洋大學治校的熱誠與付出有目共睹，充滿能量的幹勁與接地氣的做法，這八年來他用盡洪荒之力將學校的基礎建設升級了好幾個檔次，加上

一些人文創意的融合，打造出專屬於海洋的特色，不但讓教授們得到資源，更能讓學生們快樂就讀，讓校友們深以海洋人為榮。

　　張老師將校長角色扮演的淋漓盡致。這幾年我覺得海洋大學的改變內外皆美且愈來愈美，而這個美不僅僅是環境外觀上的美，更是人文與海大精神昇華的內在美，謝謝校長八年來的無私奉獻，我相信校長的「活力創新、海大躍進、海大精進」治校精神與成績絕對名留校史，未來不論我們清風校長將在哪個場域扮演什麼角色，肯定也都能大風起兮、浪濤飛揚、無懼風雨、乘風破浪。

涓滴成流

李大民

旭航船舶管理顧問有限公司總經理
佑啓新公證有限公司公證人
海大商船碩專系友聯誼會榮譽會長
榮獲第五十一屆航海節模範海員

101 商船碩專

　　李大民總經理，101級（2012年）商船學系碩士專班畢業。李大民學長半工半讀完成基隆水產職業學校輪機科學業後，先至基隆修船工廠擔任學徒，一年後考取河海人員三管輪特考。自基層三管輪一路歷練至輪機長、駐埠輪機長、工務部經理、協理，除負責管理公司船隊的維修、保養、採購與檢驗外，也負責新船監造業務，更曾親自遠赴日本造船廠駐廠，主持現場監造工作。李大民學長在航運界至今，一路勤奮不懈、與時俱進。

沒有架子的好校長

我們海大的張清風校長，是校友們一致認爲身段柔軟沒架子、親和、謙虛、眞誠、熱情、堅持及精力旺盛的好校長，能讓校友們願意和他互動的，張校長在海大兩任共八年對校務發展與教育工作的付出和認眞是大家有目共睹的，他個人的學術成就也獲得國家講座以及2018年獲頒法國騎士勳章的教育榮譽勳位。

張校長是海大迄今募款能力最強的校長，因爲捐贈者的愛心及看到張校長不爲己私的付出，因而感動讓校友與企業樂意及踴躍的捐款建設海洋大學，幫助弱勢與優秀的在校學生，從獎學金到館舍興建這些外部資源的捐贈，都是張校長以及他領導的校友中心與各界有好的互動所引發的。

因爲張校長的熱情與親和力，我們每次回校參加活動都覺得受到重視且氣氛很好；今年（2020）3月28日新冠疫情期間學校舉辦了小規模的海大返校日，在微微細雨下，張校長撐著校歌雨傘拿著小蜜蜂，如數家珍般地親自向校友導覽介紹海大他所熟悉的校園角落以及學校發展的歷史，校區的各項設施，小至一草一木，處處看得到他對海大的情感及夙夜匪懈的付出。

另外，張校長每年都給校友寫信，一年三、四封，千百字裡的字裡行間詳細的介紹學校的近況與發展願景，讓大家以能成爲海大的一分子爲榮，校長信中也以感恩的心謝謝表現好的老師、同學與校友們，所述校務凡事以學生爲主，以提升與發展海大爲度，敬業樂群、功績卓著。

祝福張校長卸任之後依然活力滿點、健康平安、萬事皆如意！

張淵翔

第十九屆基隆市議會議員
國際青年商會中華民國總會會長
中華青年企業協會總會長

102 航 管 EMBA

　　張淵翔議員，102級（2013年）航運管理學系碩士在職專班航運管理組畢業。張淵翔學長於2004年與友人共組八斗子漁鄉工作室，致力家鄉社區營造，爭取角逐中正區議員，除推動漁村轉型、設置海洋保護區與兒童教育，亦推動學校跨域課程，促成產學連結、提升青年多元就業及創業能力，期為基隆鄉親找回地方光榮感。

那些年我們一起愛的海洋

民國一百年
一部名為「那些年，我們一起追的女孩」的電影
破了國片市場的紀錄，製片與劇本內容，讓人刮目相看！

民國一百零一年
一位擔任國科會副主委的海大學長張清風校長回來母校服務
不久
我回家路上看到大型的電子看板豎立在濱海校門前
那些年
我們從看板螢幕上瀏覽豐富的演講與活動引領我們回母校參與
那些年
數百位學生、社區居民一起和校長席地坐在看板前關注中華健兒在棒
球經典賽事上的比賽

後來
我非常驚訝地發現海大濱海操場一夕改變
刨除廢土填鋪的運動場換裝成人工草皮運動場
全新的跑道蔥綠的球場滿眼的舒服
那些年
或跑、或走、或坐、或躺

或浸夕陽、或沐晨曦

那些年

濱海的居民湧進海大，使用海大、認同海大、愛上海大！

謝謝張清風校長

讓全球海大人以母校為榮！

讓學子們想到海大來深造！

讓社區民眾以海大為公園！

謝謝創造了我們都愛海洋的那些年！

期待

再收到校長給我們的一封信！

再看到逛校園與同學們合影！

再聽到詼諧有趣的臺灣國語！

曾萬年

海大環境生物與漁業科學學系講座教授

海大海洋中心講座教授

海大校務諮詢委員

行政院國家科學委員會傑出研究獎

行政院農業委員會海洋奧斯卡漁業資源永續楷模獎

周玲惠

海大航運管理系兼任助理教授

中華維德文化協會理事兼書院院長

　　同為海大師長的環境生物與漁業科學學系曾萬年講座教授及航運管理系周玲惠教授賢伉儷，應邀參加海大66週年校慶。在張校長親自導覽校園嶄新風貌之際，深受其為學校無私奉獻的精神所感動。回首校長帶領海大的這三千多個日子裡，海洋大學的成長是有目共睹，尤其當張校長述說著當年往事，以及歷歷在目的回憶，更是使兩位教授內心澎拜不已，彷彿身歷其境般，參與著海大的蛻變。

2020年3月12日曾萬年教授（第二排右二）參加海大校務諮詢委員會議合照。

難忘海大校慶聽校長親自校園導覽

2019年10月19日應邀參加國立臺灣海洋大學校慶活動，來自各地的校友們回校，給學校許多感激、感懷、資源和鼓勵。我們夫婦倆都不是海大校友，但跟海大都有些淵源。我在海大航管系兼任整整十年。外子曾萬年教授在臺大退休後，獲聘為海大講座教授。

整個校慶最後是由張校長親自帶領所有的貴賓和校友作校園導覽。原想校園沒什麼好逛，沒想到跟著校長的腳步，我們倆人均感動的很。校長一路上介紹海事專科學校、省立海洋學院、國立海洋學院到國立臺灣海洋大學，不同時期有不同的使命、建設和校園。第一代校門，第二代校門與目前大門是不同的，這些變革和校史。更提到當年他們念大學時，如何到女生宿舍找女同學、站崗等。畢業典禮時，大家排排隊從小山坡走下來，非常生動，彷彿回到四十餘年前張校長師生們一齊在海大的成長和經驗。

講到張校長當年研究所畢業時，他父親坐十個小時的車來學校要參加兒子畢業典禮，父親非常高興，根本不知道兒子當年並無畢業，兒子不敢讓老父擔心。沒想到今天可以在所有賓客前講出往事，校長眼淚都流下來，我們的內心也澎湃不已。張校長是從海大大一一直念到研究所，對學校有很深很深的革命感情，才能講得如此感人。

如果學校校長非該校大學部出身，有一天由此校長來導覽他們學校的校園，他可能沒有比校友們更了解學校真正的精神內涵，沒有比學生們更知道大學部師生們的互動和情感。他應無法感動這些校友和貴賓，因為他沒有深刻的一起成長情感和經驗，來感動任何一個人。這就是從大學一年

級就在學校養成長大的校長，不同之處，謝謝海大校長給我們上了一課。

詩作一首感念於此：

校園導覽來親為，校長講述校史姿。

海事學校專科設，海洋學院大學時。

校友貴賓熱淚湧，為有真情流露知。

革命感情非浪得，相濡以沫師生儀。（上平聲四支韻，古體詩）

2019年10月26日周玲惠作於臺北

Part 2

清風校長的湛湛人生

張清風校長／國家講座教授

學　歷

高雄縣橋頭鄉仕隆國小（1965）

高雄市三中（1968）

高雄中學（1971）

臺灣省立海洋學院　水產製造學系（學士，1975)

美國華盛頓州立大學　動物科學系（碩士，1982）

美國華盛頓州立大學　動物科學系（博士，1986）

學術專長

水生動物生理、海洋生物、生殖生理與內分泌、水產養殖

獲得獎項

國科會優等研究獎（1990）

國科會傑出研究獎三次（1991～1992、1994～1996、1996～1998）

中華民國第三十一屆「十大傑出青年」（1993）

國科會第一次特約研究員獎（1998～2001）

國科會第二次特約研究員獎（2001～2004）

國立臺灣海洋大學「終身特聘教授」（2004～）

教育部第四十八屆學術獎（2004）

國科會傑出特約研究員獎（2004）

教育部第十屆國家講座（2006）

國立臺灣海洋大學（校級）傑出校友（學術類）（2007）

國立臺灣海洋大學98學年度「校級教學優良教師獎」（2010）

國科會2012年度「臺法科技獎」（2012）

美東華人學術聯誼會「傑出專業成就獎」（2013）

中華實驗動物學會「2013年傑出貢獻獎」（2013）

中國生物學會「生物科學研究傑出獎」（2013）

美國華盛頓州立大學動物科學系傑出校友（2014）

中華民國105年海運有功人員獎（2016）

第二十三屆太平洋科學學會與日本東北大學共同頒「畑井新喜志獎」（Shinkishi Hatai Medal）（2016）

法國教育榮譽勳位「騎士勳章」（2018）

重要經歷

國立臺灣海洋大學水產養殖系　副教授（1986/02～1990）

國立臺灣海洋大學水產養殖系　教授（1990～）

國立臺灣海洋大學水產養殖系　終身特聘教授（2004～）

國立臺灣海洋大學水產養殖系　系主任（1986/08～1992/07）

國立臺灣海洋大學　教務長（2003/03～2006/03）

國立臺灣海洋大學水產生物科技頂尖研究中心　主任（2006/04～2007/08，2009/08～2011/04）

行政院國家科學委員會生物科學發展處　處長（2007/08～2009/07）

國立臺灣海洋大學　副校長（2009/08～2011/04）

行政院國家科學委員會　副主任委員（2011/05～2012/05）

國立臺灣海洋大學第十任校長（2012/08～2020/07）

臺灣水產學會　理事、常務理事（2011/01～2013/01）、理事長

（2012～2016）、榮譽理事長（2017～）

國際魚類內分泌學會　國際委員（2008～）

亞太比較內分泌學會　國際委員（2008～2016）

中華海洋事業協會　理事長（2016～）

臺灣海洋生物技術學會　理事長（2016/12~2020/12）

亞太比較內分泌學會　理事長（2017～2021）

亞太牡蠣學會　理事長（2018～）

法國國家科學研究中心（CNRS）　訪問研究員（8個月）

日本琉球熱帶海洋生物研究所　訪問研究員（4個月）

日本北里大學分子內分泌研究室　訪問研究員（2個月）

日本國立養殖研究所　訪問研究員（2個月）

日本國立基礎生物研究所　訪問研究員（4個月）

教育部學術審議委員會　委員、常務委員

國家實驗研究院臺灣海洋科技研究中心　諮詢委員

農委會特有生物研究中心　研究諮詢委員（2008/03～2012/03）

中央研究院細胞與個體生物學研究所　諮議委員

（2010/09～2013/08）

國際生物學聯合會中華民國委員會（IUBS）　委員

（2010/01～2012/12）

考試院　高等考試及格

考試院「水產技師」

考選部　典試委員、命題委員、閱卷委員

國際學術期刊　編輯委員

衆志成城
共創海洋大學榮景

張清風 校長

　　清風出生成長於高雄縣橋頭鄉仕隆村，家裡種田種菜，後來改以擺攤賣水果，賣冬瓜茶、冰及檳榔，自小即刻苦耐勞。求學於仕隆國小、高雄市三中、高雄中學、臺灣省立海洋學院水產製造系，並就讀第1屆及第5屆的水產製造研究所，1980年於困頓時期負笈出國留學，於美國華盛頓州立大學攻讀動物科學系碩士與博士學位。

　　1986年2月學成返國，回至母校國立臺灣海洋學院水養殖學系任教，1986年至1992年擔任水產養殖系系主任，2003年至2006年擔任國立臺灣海洋大學教務長，2006年創設海大「水產生物科技頂尖研究中心（簡稱頂尖中心，現更名為海洋中心）」，2007年至2009年借調至國科會（現今科技部）擔任生物處處長，2009年至2011年回母校接任副校長，2011年至2012年再次借調至國科會擔任副主任委員，2012年8月至2020年7月接任母校第十任校長。

　　憶及成長階段不太知道如何唸書，成績平平，因是家裡及家族親戚中第一位唸初中的孩子，也沒有人教如何讀書，初中、高中都讀到差一點就要被留級，印象最深刻是小學學期末時，把課本撕成一頁一頁，做成檳榔紙袋，是令我最高興的事，因為不用再念這些書本了。1971年迷迷糊糊以同分榜首進入臺灣省立海洋學院水產製造系，當時學校校園很小，很不

亮麗，天氣又不好，幾乎天天下雨，部分師資不夠好，對學校沒有認同感及光榮感甚至失望，尤其遭遇到求學時因必修科目重修又不及格被退學之事。不過那時我對重要基礎科目非常認真，像海綿吸水一樣，渴望吸收知識，盡力去自我充實，也養成刻苦勤學的精神。

1986年自美國回國後，受當時鄭森雄校長也是我的老師要求下，回到母校水產養殖學系任教，教授魚類生理、生物、內分泌、生殖生理等課程，抱著要讓學校更好的想法，我非常努力的教學及研究，就怕辜負師長及學生的期待。在母校海大服務不到十二年期間，就陸續榮獲國科會（現今科技部）三次傑出研究獎，接著又榮獲教育部學術獎及教育部國家講座，也曾獲得校級教學優良教師獎，後來也獲得日本、法國與美國的重要獎項肯定，更難得的是榮獲三所母校（仕隆國小、海洋大學及美國華盛頓州立大學）的傑出校友。這些亮麗成績除了自己的努力外，更要歸功於努力求學、創新研究及海大師長的栽培，以及早期就養成勤奮讀書力爭上游的精神所致。

2012年有幸擔任在我國海洋學術研究領域重鎮，也是我母校的校長，這是我一生最感到光榮的工作，初上任當時感到背負重任，因為這是培育我的母校，當學生時代的我們一直抱怨不夠好的學校，如今我卻是要帶領著這所大學，因此當時心境是光榮、興奮、緊張、責任，但也充滿了信心與衝勁。我當時就立下治校目標要做到「共創海洋大學榮景」，且提出「以學生為本人文關懷，辦一所令人感動的大學」，「以海洋為最大特色，辦一所社會上不可或缺的大學」的辦學理念，復以「活力創新、海大躍進」為發展策略，2016年更進一步提出「活力創新、海大躍進、海大精

進」，這些年來我們真是落實完成「共創海洋大學榮景」的治校目標，使現在的海洋大學充滿了旺盛的生機，校園欣欣向榮，師生活力創新，海大成了永續的有機體。

清風在校服務期間，協助成功爭取獲得2005年至2017年的「獎勵大學教學卓越計畫」及2006年至2011年的「發展國際一流及頂尖研究中心計畫」，與2011年至2017年「邁向頂尖大學計畫」補助的頂尖研究中心，進而2018年至2022年的「高等教育深耕計畫」（含主冊、USR及二個特色領域研究中心計畫），經由這些教育部競爭型的計畫補助，對本校的教學與研究發展產生決定性的正面作用。

海大在歷任校長已經打下堅實基礎，清風任職校長這八年來，站在前輩「巨人的肩膀上」，更是兢兢業業，一日當二日用，用盡洪荒之力，期許自己要更有格局，有視野，有願景，有執行力，處處努力創新，將所有資源要回歸到學生及教職員需求上，並加強人文教育，聚焦海洋學術研究，履行「誠、樸、博、毅」的校訓，努力展現領導力、執行力，回應校友們的熱情期盼，要辦一所社會上不可或缺的大學。

海大能夠有今天的榮景，除了行政團隊及師生同仁共同的努力外，最重要的因素是廣大的海內外校友及熱愛海洋的朋友們所凝聚的支持力量與驅動力，感受到大家對海大母校的殷切期盼與熱情支持，因為您們對母校的熱愛，「涓滴成流，終為海大」，屢屢不吝撥冗，出錢出力，甚至自2019年2月起由校友總會支持母校開授「傳承與創新──王光祥講座」課程，由各行各業傑出校友返校，分享人生成功與失敗經驗傳承給在校生。校友們因為有您們一起打拼，讓我們母校成為國際間最棒的一所海洋專業

的頂尖大學，我們是培育海洋人才的搖籃。

臨了卸任時，驀然回首，是因我們共同的努力，推升「臺灣海洋大學」站在海洋學術領域浪頭上，是我們優越的辦學成果讓海大站在歷史的高峰上。我們很驕傲肩負全國海洋教育龍頭的使命，我們共同讓海洋國家的臺灣更實質像海洋國家，沒有校友您們這八年的大力支持，我也無法獨撐大局。

敬愛校友們及許多海大的朋友們，海大處處留下您們共同參與所刻畫的痕跡與更新的軟硬體設施，使得我們校園更為優美、系所學院更完整、組織更健全、設施更完善、學校更有柔軟度、更具國際化、在國內外更有影響力、歷屆校友更有凝聚力、在校學生對學校更有認同感、所有教職同仁更以服務於海大而倍增光榮感等，這是我當時在海大就讀時一直念茲在茲及榮任校長以來夙夜匪懈努力的目標。

感謝這八年來大家齊心努力攜手與清風共創海大榮景，我們真是做得比預期的還要好，完成許多幾乎是不可能的任務，我們全體努力的成果擦亮海洋大學這塊金字招牌，讓我內外「看見海大」，清風相信我們海大會繼續積極且穩健的向前邁進，再創新榮景與新契機。

張清風校長2012年～2020年治校成績簡表

定位及治校理念

- 以「卓越教學與特色研究兼具的海洋頂尖大學」為定位，以「活力創新、海大躍進、海大精進」為策略，並以「學生為本人文關懷，辦一所令人感動大學」、「海洋專業為最大特色，辦一所社會上不可或缺的大學」為治校理念。

重要計畫爭取

- 獲教育部「臺灣人才躍昇計畫」本校獲得增加10名編制教師員額，延續「獎勵大學教學卓越計畫」、「發展國際一流大學及頂尖研究中心計畫」與「邁向頂尖大學計畫」，獲教育部「高教深耕計畫」及2個特色研究中心補助。
- 教師發揮研發能量，大幅增加外部研發經費。

教務改革

- 廢止二一退學制度與校內英文會考。
- 增加學生參加校外檢定英文考試及游泳為畢業門檻。
- 鼓勵跨領域學習，教務法規鬆綁，積極推動雙主修、輔系、次專長與微學分制度。
- 增設全校大一「海洋科學概論」與「程式語言」必修課程。
- 教師升等由一年一次改為一年兩次辦理。

- 推動系所招生名額彈性調整。
- 擴增多元入學管道，積極輔導學生學習。
- 校友返校終生學習免費課程。

學務改革

- 成立帆船隊與獨木舟隊，舉辦「夢想啓航」畢業生划向基隆嶼活動。
- 舉辦全校性大一校歌比賽、增辦冬季畢業典禮。
- 增加學生社團及設備，改善學生社團環境。

國際化提升

- 積極推動國際化與雙聯學位，強化境外學生招生，鼓勵與補助學生出國。
- 提高補助鼓勵教師出席國際會議。

學術單位調整與增設（新增1學院、8研究所、8學系）

- 增設海洋法律與政策學院。
- 增設系所：海洋觀光管理學士學位學程、海洋法政學士學位學程、光電與材料科技學系、海洋文創設計產業學士學位學程、海洋工程科技學士學位學程、海洋生物科技學士學位學程、海洋經營管理學士學位學程、海洋政策碩士學位學程、食品安全與風險管理研究所、海洋工程科技博士學位學程、海洋生物科技博士學位學程、海

涓滴成流

洋資源與環境變遷博士學位學程。

- 增設食品安全管理碩士在職學位學程、運輸與供應鏈管理碩士在職專班、航運管理系國際物流管理碩士在職專班、航運管理系進修學士班物流管理組。
- 籌設高階經營管理碩士在職學位學程（EMBA）。
- 推動商船學系學士後多元專長學士學位專班、輪機工程學系學士後多元專長學士學位專班。

組織活化更新

- 設立國家級「臺灣海洋教育中心」，成立「職業安全與衛生中心」。
- 祕書室校友組更名為「校友服務中心」。強化校友聯繫，凝聚校友力量，成立校友總會。
- 通識教育中心改制為一級單位「共同教育中心」，另增設「華語中心」與「出版中心」。
- 航海人員訓練中心改制為一級單位「海事發展與訓練中心」。
- 海洋生物科技及環境生態中心更名為「海洋中心」。
- 成立「產學營運總中心」。

校園重大建設及創新改革

- 成立「基隆主校區」（祥豐校區、北寧校區與濱海校區）、「馬祖校區」、「桃園觀音校區——海洋創新育成基地」。

- 與新北市政府合作在貢寮設立「海洋研究站」、「水生生物研究暨保育中心」。
- 興建海洋生物培育館、電資暨綜合教學大樓、聲學實驗中心、木蘭海洋海事教育大樓。
- 經校友捐款在馬祖校區興建「王光祥暨海大校友國際學舍」。
- 募款籌建桃園觀音校區藻礁暨海洋生態館。
- 增設校史博物館與創校紀念公園、黃槿公園、寰宇之書。
- 興建宏廣書屋、畢東江國際廳、葉森然廳、佳渝廳。
- 增設海洋夢想基地、航海園區（自由中國號、浮標、船錨、螺旋槳）。
- 興建海洋意象門廳、校區LED電子資訊看板、校門廣場改善、船錨裝置藝術、山海迴廊、龍岡生態園區、之字形木棧道、彩繪通道。
- 圖書館設施空間改造，設置全興書院、夢幻海洋空間。
- 沙灘排球場暨壘球打擊練習場、人工草皮運動場設置。
- 男二舍大修、夢泉及勇泉商場、海事廣場整修再造、整修第一到第三餐廳。
- 育樂館、體育館、籃球場場地重新整修。
- 輪機工廠重建，並新設輪機模擬機、高壓電等設施。
- 設立國際級「海洋貢獻獎」。
- 加盟「臺北聯合大學系統」，與臺北大學、臺北科技大學、臺北醫學大學合作。
- 基隆海事成為海大附中，推動海洋科技人才培育實驗班。

涓滴成流

- 建教管理費之運用更爲合理有效。
- 建置海大校園APP、設置Hi-Bike腳踏車定點借還、國光客運進校園。

國立臺灣海洋大學第十任校長就職典禮（2012.8.1 海洋廳）

2012年8月1日張清風校長就任國立臺灣海洋大學第十任校長就職典禮與貴賓合影，陳建仁前副總統（前排左四）當時為中研院院士受邀觀禮。（楊崑山學長提供）

Part 3

清風校長眼中的海大

2019年10月30日，臺灣海洋大學頒授第七屆海洋貢獻獎給美國福茂集團創辦人趙錫成博士；當日趙博士也代表趙朱木蘭基金會捐資興學100萬美金及捐贈《淡定無畏》1000套書給海大。感謝陪同趙博士來臺的趙安吉董事長、教育部范巽綠政次、海委會莊慶達政次與王光祥校友會總會長帶領眾多校友與貴賓們蒞臨參加。

第七屆海洋貢獻獎與趙朱木蘭基金會捐資興學典禮大合影。

2019年10月30日，歷經六年努力的木蘭海洋海事教育大樓終於舉行動土。

由海洋大學文創設計系同學製作的木蘭海洋海事教育大樓3D列印模型。

木蘭海洋海事教育大樓示意圖，建物坐落於基隆主校區。

全興書苑在海大圖書館地下一樓。

全興書苑為傑出校友柯吉剛學長的全興水產集團
在海大60週年校慶時捐贈。

全興書苑開闊明朗的閱覽空間。

涓 滴 成 流

宏廣書屋的前身為圖書館與綜合二館間的聯通空間。

宏廣書屋由河工系友李清郎學長捐建。

張校長與校友在宏廣書屋用餐。

宏廣書屋的光影。

沛華集團捐資興學。

愛校至深的林光老師（左）是張校長尊敬的大學長。

由校友中心設計的海大第一支校慶紀念酒，名為海洋藍金。

65週年校慶辦桌，近700位校友返校，盛況空前。

長榮交響樂團多次在海大校慶公益演出。

65週年校慶辦桌，近700位校友返校，盛況空前。

由校友總會出版的海大傑出校友專書。

校慶校友回娘家。

涓滴成流終為海大 —— 感謝海內外校友會出錢出力出時間的支持母校。

國立臺灣海洋大學海內外校友會
NTOU Alumni Association of NTOU

校友總會
NTOU Alumni Association

王光祥總會長（輪機1978）
　kswang@shanyuan.com.tw

莊季高秘書長
　jgjuang@mail.ntou.edu.tw

李健發副會長（航管1976）／ 監事長暨基隆校友會理事長
　kennethlee@tvlgroups.com

曾俊鵬副會長（航管1976）／ 臺北校友會理事長
　jp-tseng@tpe.kfkingfreight.com

王啟祥副會長（養殖1990）／ 臺中校友會理事長
　fish.dj@msa.hinet.net

呂佳揚副會長（造船1980）／ 高雄校友會理事長
　John@horizonyacht.com

陳國棟副會長（航管EMBA 2005）／ 宜蘭校友會理事長
　gwodong@klhb.hinet.net

劉立仁副會長（航管1991／航管EMBA 2006）／ 花蓮校友會理事長
　jamesliu@dinosintl.com.tw

（內政部立案）

航管EMBA校友會
NTOU Alumni Association of STM EMBA

輪機、機械系友會
NTOU Alumni Association of MME & ME

電子電機系友會
NTOU Alumni Association of EE

臺北校友會
NTOU Alumni Association of Taipei

臺中校友會
NTOU Alumni Association of Taichung

高雄校友會
NTOU Alumni Association of Kaohsiung

基隆校友會
NTOU Alumni Association of Keelung

宜蘭校友會
NTOU Alumni Association of Ilan

花蓮校友會
NTOU Alumni Association of Hualien

加拿大西區校友會
NTOU Alumni Association of Western Canada
李炳釗會長（輪機1972）
alexli@canchieve.com

北加州校友會
NTOU alumni Association of North California (U.S.A)
林美玲會長（養殖1988）
kuoting@sbcglobal.net

南加州校友會
NTOU Alumni Association of South California (U.S.A)
黃禾青會長（養殖1980）
socal.alumni.ntou@gmail.com

美東校友會
NTOU Alumni Association of East America (U.S.A)
張國慶會長（漁業1972）
k.c.1010@hotmail.com

亞特蘭大校友會
NTOU Alumni Association of Atlanta (U.S.A)
樓宇中會長（航海1971）

休士頓校友會
NTOU Alumni Association of Houston (U.S.A)
徐鴻源會長（造船1977）
honghsu2000@yahoo.com

香港校友會
NTOU Alumni Association of Hong Kong
王仲麟會長（水製1980）
alanclwong2001@yahoo.com.hk

馬來西亞校友會
NTOU Alumni Association of Malaysia
鄭聯華會長（造船1988）
lianhua1963@yahoo.com

日本校友會
NTOU Alumni Association of Japan
李綺麗會長（航管1974）
lilytaenakagawa@gmail.com

上海校友會
NTOU Alumni Association of Shanghai
黃志聖會長（航管1987）
mark@fasticgroup.com

神州校友會
NTOU Alumni Association of Shenzhou
陳咸華會長（輪機1981）
13916669226@163.com

航管EMBA校友會
洪禎陽理事長（航管EMBA2010）
john.hung@nlic.com.tw

電子電機系友會
林佳宏理事長（電子所1995）
rockey@faraday-tech.com

輪機與機械系友會
廖識鴻理事長（輪機1974）
u827321@taipower.com.tw

食科系友會
周正訓總會長（水製1985）
amo@msa.hinet.net

商船系友會
彭欽麟會長（航海1989）
pilotbhp@gmail.com

航管系友會
闕建仁會長（航管1971）
jrchueh@gmail.com

機械系友會
莊育孟會長（機械1990）
bigdream.tw@gmail.com

河工系友會
簡連貴會長（河工1980／河工碩1982）
lkchien@mail.ntou.edu.tw

資工系友會
朱家漢會長（資工2002／資工碩2004）
chu.chiahan@gmail.com

生科系友會
彭冠傑會長（生科2013）
p78125@hotmail.com

海文系友會
孟培傑會長（海洋1983）
pimeng@ummba.gov.tw

運輸系友會
鄭百善會長（運輸2002）
asam@cathaylife.com.tw

環漁系友會
陳建飛會長（環漁1978）
marketing@yeomanbulky.com

系工系友會
邱啟舜會長（造船1974）
c.s.chiu@jacksoon.com.tw

應地所友會
賴宗德會長（應地所1996）
paul@asiarf.com

教研所友會
陳釗文會長（教研2008）
grace24635551@yahoo.com.tw

材料所友會
劉財喜會長（材料1995）
jimmy@mail.ptgroup.com.tw

海文所友會
陳杏芬會長（海文2011）
shin-fan@klhb.gov.tw

光電所友會
周協利會長（光電2001）
yuma@ms28.url.com.tw

養殖系友會
張家權會長（養殖1981）
ccchang57@yahoo.com

海法所友會
張朝陽會長（海法所1995）
yang@twport.com.tw

應經所友會
施淵源會長（應經所1999）
yolkhome@pchome.com.tw

道生所友會
陳思穎會長（海生所2009）
cheer1110@gmail.com

師培中心友會
許總哲會長（航海2002／海資碩2008）
arthsu.tw@yahoo.com.tw

海資所友會
徐　岡會長（商船2014／海資碩2016）
bibbyoka@gmail.com

海生所友會
陳禾張會長（海生碩2003／海生博2013）
mydas89@yahoo.com.tw

| 海內外校友會網絡。

校長帶領校友參觀自由中國號。

2020年3月28日，春遊海大校友回娘家，感謝眾多校友這些年來對母校的大力支持，當天以戶外活動為主，逛校園回憶當年。圖為夢泉廣場大合照。

傳承與創新 王光祥講座
Inheritance & Innovation ｜ 開學典禮

▶ 王光祥(67級輪機)
臺海大校友總會總會長
三圍建設董事長

▶ 張清風(64級水製)
臺海大校長

▶ 林見松(68級航管)
海瀧船務代理(股)公司董事長

校友中心設計的「傳承與創新——王光祥講座」海報。

感謝各行各業的傑出校友抽空返校擔任「傳承與創新 ── 王光祥講座」課程講師，讓眾多的年青學子能站在巨人肩膀上，奮力向前行。2020年已經是第二次開課，廣受學生喜愛的課程。

「傳承與創新 ── 王光祥講座」在畢東江博士國際會議廳上課情形。

涓滴成流

校史博物館是由海專時期的三間半教室改建而成。　幽靜的創校紀念公園長廊。

創校紀念公園內名為航輪的石雕藝術，是由5556航輪專班校友於2014年
捐贈，創作者為吳建松老師。

校長與競技啦啦隊社團。

校長被海大吉祥物海鷗拉住了。

與學生會長一起為活動造勢。

在海大棉花糖情人節中的扮相。

校長是海大學生的最愛。

校長創划船登基隆嶼畢業典禮，出發前和學生合影。

打卡拍照配合度極高的校長。

曾是少棒隊投手的校長為學生慢速壘球開賽的英姿。

張校長為畢業路跑鳴槍。

投球是校長最愛的運動。

校長投籃姿勢也不錯。

參加腳踏車社活動。

與僑生外籍生餐會座談，旁邊為鄭學淵國際長。

參加馬祖北竿擺暝文化祭活動。

校長與他的看板分身自拍。

校長與學生有約。

106學年度
校長有約座談會

日期：106年12月20日（三）
時間：17:30 - 20:30
地點：第二演講廳

校長強棒出擊。

校長到泳池畔與操舟練習的同學合影。

校長與海大帆船隊。

校長與體育室黃智能主任（左四）及老師們
一同為沙灘排球開賽。

▌ 在之字形木棧道獨影。

▌ 魚上身。

▌ 校長（左一）駕帆船出航。

涓滴成流

海大學生的校歌比賽。

海大學生餐廳經濟實惠，社區居民也
常來用餐。

海大人的咖啡店 —— 海洋夢想基地的學
生實習商店。

參加橄欖球校友回娘家，與會長蘇宏仁（大餅）學長及孫忠業學長合影。

參加馬來西亞校友會文華之夜。

陪同張榮發總裁參觀由他捐建裝修的校史博物館。

與全興國際水產董事長柯吉剛學長一起為全興書苑書開幕。

李崗是我們的航海系校友。

鄭愁予講座教授贈詩給海大。

向鄭愁予老師介紹有他詩作的海大航行杯。

受邀參加美加機構創辦人叢樹朗學長（中）新書發表會。

和孫藍天老師到臺中太平參觀葉晉玉學長的藍染工藝事業。

和航管EMBA校友會林樂輝榮譽理事長一同騎海大鐵馬 Hi Bike。

獲王光祥總會長致贈寓意
綁住校友的金門麵線。

與機械系友會莊育孟（孟哥）會長合影。

品嚐馬來西亞校友會鄭聯華會長家鄉的榴槤。

浮雲遊子陳明韶學姐返校。

感謝友尚副董事長曾國棟學長捐資興學，
在捐款樹前合影。

與漁業系校友張慶麟學長聊學生社團發展。

涓滴成流

| 海大65週年校慶餐會，邀請多位海大名譽校友會同歡。

| 獲海大榮譽校友連江縣長劉增應學長頒贈馬祖榮譽縣民獎章。

| 授予美國福茂集團創辦人趙錫成博士（右）與美國運輸部長趙小蘭女士（左）父女海大名譽博士學位。

| 海大第一位捐建大樓的超級校友林光老師。

| 王光祥總會長與張校長宣傳65校慶海洋藍金紀念酒。

終為海大

與校務諮詢委員合影。

張校長伖儷與全球第五大遊艇製造嘉鴻遊艇執行長呂佳揚學長（左二），以及世界第一的小型螺槳製造商般若科技林允進學長在高雄亞果遊艇碼頭合影。

涓滴成流

2018年3月30日，張清風校長獲頒法國教育榮譽勳位 —— 騎士勳章。

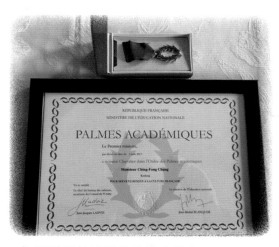

張校長的法國教育騎士勳章。

法國教育騎士勳章。

❶ 行政大樓 F3	⓯ 航管系館 D2	㉙ 射箭場 F2	㊸ 環態所館 H2	㊼ 壘球場 B4
❷ 展示廳、海洋廳 F3	⓰ 勇泉 D2	㉚ 第一餐廳(夢泉商場) G2	㊹ 養殖溫室 H3	㊽ 河工一館 B3
❸ 圖書館 G3	⓱ 海空大樓 D2	㉛ 綜合三館 G2	㊺ 綜合一館 H3	㊾ 沙灘排球場 B4
❹ 綜合研究中心 G4	⓲ 游泳運動中心 D2	㉜ 龍崗生態園區 G1	㊻ 海洋系館 H3	㊿ 造船系館 B3
❺ 綜合二館 G4	⓳ 男三女二舍 D1	㉝ 夢泉 G2	㊼ 食安所館 H3	㉢ 工學院、第三餐廳 C3
❻ 宏廣書屋 G3	⓴ 第二餐廳(勇泉商場) D1	㉞ 人文大樓 G2	㊽ 排球場、網球場 H3	㉣ 電機一館 C4
❼ 郵局 F4	㉑ 男二舍 D1	㉟ 山海迴廊 G3	㊾ 漁學館 I2	㉤ 電機二館 C4
❽ 機械B館、電算中心 F3	㉒ 學生活動中心 C3	㊱ 女一舍 H2	㊿ 生命科學院 I3	㉥ 資工系館 C4
❾ 機械A館 E3	㉓ 體育館 D3	㊲ 海大農場 H2	� 食品工程館 H4	㉦ 水生動物實驗中心 D4
❿ 育樂館 E2	㉔ 運動場 E3	㊳ 海事大樓乙棟 H2	㉢ 陸生動物實驗中心 H4	㉧ 海洋生物培育館 C4
⓫ 商船系館 E3	㉕ 籃球場 E4	㊴ 海事大樓甲棟 G3	㉣ 食品科學系館 H4	㉨ 醫學實驗中心 C4
⓬ 延平技術大樓 E2	㉖ 海洋夢想基地 F4	㊵ 創校紀念公園 G2	㉤ 木蘭海海事教育大樓 I5	㉩ 電資暨綜合教學大樓 C4
⓭ 輪機實習工廠 E3	㉗ 小艇碼頭 F5	㊶ 海事大樓丙棟 H2	㉥ 雨水公園 H3	㉪ 大型空蝕水槽實驗室 A2
⓮ 沛華大樓 E3	㉘ 男一舍 G1	㊷ 校史博物館 H3	㉦ 海洋工程綜合實驗館 B3	㉫ 河工二館 A2

海大基隆主校區建物分布圖。

感謝海洋系何宗儒教授贈送2020年3月的基隆主校區空拍圖,見證我們校園變得更優美豐富,更是一所培育海洋人才的搖籃。感謝這些年來總務處及相關同仁共同努力打造這麼棒的校園。

海大基隆主校區空拍圖。

海大馬祖校區校舍。

位於連江縣北竿鄉坂里村的馬祖校區。

張校長偕總務處同仁視察桃園觀音校區。

終為海大

2019年7月完成校園馬路更新。

2020年2月28日海大將屬於文化部資產且甚具歷史意義的自由中國號帆船（Free China Sailing Boat）自海洋科技博物館移置海大北寧校區，增添海大更多的海洋人文、歷史典故、海洋觀光、船舶科技等內涵，並由海大負責養護保存及展示。自由中國號帆船地點在商船系館與機械系館後方。

2020年初海大的「黃槿公園」豎立一件非常棒的公共藝術作品「寰宇之書」（The Book of Globe），代表著本校致力於追求海洋知識寶庫，培養海洋人才，永續經營海洋之決心。

立於圖書館前方的讀書樂小童，為中山文藝獎得主王秀杞老師的作品。

由造船系多位校友集資捐建的振動噪音工程研究中心造型前衛。

2013 年（60 週年校慶年）創設「校史博物館」及「創校紀念公園」。在66週年校慶時，我們特別在「創校紀念公園」布置了很精彩的校史展包括校區的發展、圖書館的變遷、校園重要的建物等等，內容豐富精彩。很值得大家前往參觀。

海大風雨走廊換新貌並更名為山海迴廊。

校史博物館前的好漢坡。

終為海大

207

海大雨水公園是由河工系老師設計的雨水循環系統景觀。

海大紅樓前身是日治時代的水試所。

海大海事廣場。

海大黃槿公園。

海大圖書館為知名建築師潘冀先生設計。

海大夢泉。

海大學生宿舍。

海大濱海校門的朱銘海鷗銅雕。

海洋工程綜合實驗館。

海洋生物培育館。

涓滴成流終為海大。

彩繪通道一隅。

| 彩繪通道地下道。

| 連接北寧路地下道的彩繪通道。

| 海洋工程系蕭涵綺同學的傑作，把學生第三餐廳（位在濱海校區）周圍繪畫得這麼的精彩（離岸風機發電）！很值得大家前往欣賞。從「北寧校區」經由「彩繪通道」可抵達第三餐廳。

| 創校紀念公園。

| 濱海人工草皮運動場。

| 翻新的海大籃球場。

| 體育館桌球教室。

育樂館前的櫻花風情。

海大的櫻花（Cherry blossoms on NTOU campus）──海大校園近年來種植了數十棵櫻花樹，分布在四區（黃槿公園與食科系館、人文館之間及宏廣書屋前方有12 棵；育樂館與行政大樓之間櫻花小道13棵；夢泉前方到研發處後方之斜坡8棵；女一舍與男一舍之間7棵）。2020年1月份以來陸續開花，很值得欣賞。

夢泉旁的吉野櫻。

海大人的龍舟。

海大帆船隊與獨木舟。

海大沙灘排球賽。

海大的體育課立板龍舟。

海大健身房。

海大籃球場。

海大育樂館的籃球賽。

感謝張榮發基金會鍾德美執行長及柯文玲協理等人代表基金會捐贈一輛全新的九人座車子給我們海大馬祖校區，於2020年4月22日在連江縣教育處陳冠人處長見證下接受捐贈，這輛車子對海大馬祖校區學生服務當地國中小學生課後輔導（偏鄉教育）及學校的運作甚有助益。

簡單溫馨的捐贈儀式，感謝鍾德美執行長專程至馬祖校區。

Part 4

眾志成城建設海大

葉森然廳

捐贈人：62級電子系葉森然學長

　　「葉森然廳」位於海大人文大樓2樓，由葉森然學長捐款新臺幣420萬元捐建爲遠距教室之用。葉森然學長1973年畢業於海大前身臺灣省立海洋學院電子系（現稱電機工程學系），現職爲香港森泰集團董事長。葉學長學識宏達貢獻卓著，致力於電子產品研究與發展，專業馳名國際電子業，1985年獲頒美國西阿拉巴馬州州立大學榮譽博士學位，2008年榮獲世界傑出華人獎，2013年獲頒爲海大傑出校友。葉學長事業成功，不忘心向海大，在海大60週年校慶時，捐建遠距教室葉森然廳作爲教學使用。

▎ 2013年10月19日，葉森然學長返校揭幕。

佳渝廳

捐贈人：60級航海系羅濟廷學長
　　　　87級養殖系、89級養殖碩顏汎彬學長

　　「佳渝廳」位於海大行政大樓2樓，由羅濟廷學長及顏汎彬學長共同捐款新臺幣260萬元做為多功能會議廳之用，學校重要會議及校務合作簽約儀式等均在佳渝廳進行，是廣泛使用的會議空間。羅濟廷學長1971年畢業於海大前身臺灣省立海洋學院航海系（現稱商船學系），羅學長以海運事業為職志，不僅擁有船長資歷，更曾任國際知名的正利航業與益壽航業兩家公司擔任過副總經理、佳渝通運有限公司董事長。羅學長事業成功善緣廣結，致力於社會公益，年年回饋鄉梓，多次捐款建設海大以及成立獎助學金，支持海大學子出國進修培養國際觀，2013年獲頒為海大傑出校友。顏汎彬學長1998年畢業於海大水產養殖系、2000年畢業於水產養殖學系碩士班，現職為巨翎國際有限公司總經理，目前也擔任校友總會監事一職。感謝兩位學長事業成功並熱心學校發展，多次捐款建設母校。

2013年10月19日，羅濟廷學長（右）及顏汎彬學長（左）返校揭幕。

畢東江博士國際會議廳

捐贈人：60級航海系畢東江學長

　　「畢東江博士國際會議廳」位於海大人文大樓1樓，為一搭配先進會議系統的階梯式空間，可容納131人，由畢東江學長以其家族基金會為名義捐款新臺幣750餘萬元完成。畢東江學長1971年畢業於海大前身臺灣省立海洋學院航海系（現稱商船學系），是極為傑出的慈善企業家，在遊船、房地產、照片沖印等領域打造出其事業版圖，包括畢氏集團投資公司及維多利亞郵輪公司。畢學長也是中國長江旅遊現代化創始人，其事業規模與營運模式創新等成就，相當傑出。畢學長亦為旅美華人的表率，對公益事業不遺餘力，除獲頒美國國會「傑出貢獻獎」及「艾利斯島傑出移民獎」，更登上美國主流旅遊業表雜誌（Travel Agent）、躍登美國華裔名人。為表彰他對於臺灣郵輪旅遊服務產業貢獻及對於培育人才努力，2013年獲頒海大名譽商學博士學位。學長長期對學校及海大美東校友會活動大力支持，熱心校務，以J K PI FAMILY FOUNDATION INC.名義成立「畢東江獎助學金」為海大第一個栽培兩岸具有國際視野優秀學生的傑出校友獎學金，目前已有101位學生受惠。

畢東江學長賢伉儷與孫子們開心合影。

畢東江博士國際會議廳是學校使用率最高的演講廳室。

甲子廳

捐贈人：60級水製系柯吉剛學長、黃登章學長、陳長水學長、吳本立學長、蔡新川學長、王金坤學長、劉清枝學長、顏文義學長、郭台輝學長、60級水製系／70級食科碩曹欽玉學長

「甲子廳」位於海大食品科學系館1樓，係由食科系三十年歷史之演講廳改建而成，由水產製造系60級畢業校友為感念母校栽培，於2014年10月18日捐建落成啟用。60級水製系校友畢業四十餘年，首次於海大辦理大型同學聚會，由張清風校長親切接待，詳盡解說海大發展歷程及概況與未來願景。為感謝母校，特捐資整修及購置電子化教學設備，期盼海大學生能發揚光大水產事業。

┃ 美輪美奐的甲子廳。

薈萃坊改建

捐贈人：74級食科系周正訓學長、68級水製系張勝鄉學長

　　「薈萃坊」位於海大人文大樓2樓，是學校實習咖啡店，透過經營管理課程及實習咖啡店實務培訓，迄今已孕育出許多優秀學生。薈萃坊團隊希望以咖啡香與書卷氣息陶冶海大人的性靈，故著手改善現階段咖啡店環境，提供師生一個靜謐的休憩空間，並增加未來發展的各種可能性。薈萃坊工程由阿默企業有限公司董事長周正訓學長及王品集團董事張勝鄉學長捐資改建。

▌潮味十足的薈萃坊，備受年輕學子喜愛。（海大教學中心專員林鈺蓉攝）

男生第二宿舍

捐贈人：59級航管系林光學長

　　海大基隆主校區共有5棟宿舍共約2,915個床位，提供學生安全舒適的團體生活及學習空間。毗鄰勇泉的男生第二宿舍是一棟地上10層、地下1層的鋼筋混凝土建築物，可提供832個床位，1985年竣工啓用至今已超過30年，2014年11月起經多次勘查鑑定需進行全棟樓板修繕補強，以維護住宿學生安全。爲進行男生第二宿舍全棟樓板修復補強工程，同時紓解施工期間宿舍不足的問題，學校籌措新臺幣7,000萬元修繕經費，海大前副校長、沛華集團創辦人林光老師爲學生安全住宿之需求，特捐助修建工程經費新臺幣300萬元。

　　林光老師1970年畢業於海大前身臺灣省立海洋學院航運管理學系，是沛華集團創辦人，除贊助男生第二宿舍修建經費，還成立獎助學金，更在2010年以所經營的沛華沛榮海運集團名義捐贈沛華大樓，是海大第一棟由校友捐資興建的大樓，2019年又再次拋磚引玉慨捐新臺幣700萬元興建馬祖校區國際學舍及培養海洋海事人才；林光老師在海大任教三十餘年，曾任系所主任、院長、副校長，一生提攜後進、深愛海洋，不但在海運界桃李滿天下，也是海大第一位億元捐資的校友。

男二舍碑文。

修繕後的男二舍。

2016年5月31日，沛華集團捐資興學典禮暨宿舍修繕捐款簽約儀式相關設計物。

2016年5月31日，沛華集團捐資興學典禮暨宿舍修繕捐款簽約儀式，林光老師與張清風校長合影。

校史博物館

捐贈人：財團法人張榮發基金會

　　「校史博物館」位於創校紀念公園及好漢坡交接處（俗稱三間半），為1953年海大創校時的歷史建物改建。這棟兩層樓的建物，當年一樓是教室，二樓是辦公室，整修為校史博物館後，一樓的展區規劃為校史及張榮發總裁永久展，二樓為海洋藝文空間。每月平均有200人進館參觀。

　　張清風校長說，一所國際一流的大學應該要有一個博物館，因此積極尋覓適合的場地設立小而美且富有海洋大學精神與文化的博物館，最後決定活化當初創校的歷史建物，斥資千萬元整修為校史博物館，在張榮發基金會的支持與大家的共同努力之下，在2013年60週年校慶落成。

長榮集團創辦人張榮發總裁偕長榮主管到校參訪。

改建後的校史博物館。

長榮集團創辦人張榮發總裁參訪校史館，張清風校長熱心解說。

改建後的校史博物館。

校史博物館來由記錄在碑文上。

校史博物館二樓景觀。

校史博物館二樓的風起雲湧海大人物誌特展。

創校紀念公園

捐贈人：上海校友會、5556航輪專修科校友、宏昇螺旋槳股份有限公司、
　　　　65級航海系校友

　　「創校紀念公園」緊鄰海大校史博物館，是1953年海大設校時教室的位置，當年校地只有300多坪，除了行政辦公室（現為校史博物館）之外，就只有6間教室供185名學生上課使用，是海大創校時期校舍的發源地，一直到1971年初才把教室拆除，經過植栽綠美化之後命名為「中庭區」，2014年再度整建為「創校紀念公園」。

　　創校紀念公園從創校以來自海專、海洋學院、海洋大學三個時期的校徽為設計元素，融合「航輪雕塑」、「螺槳景觀」、「校史特展」，並有一處親水空間。感謝海大上海校友會、5556航輪專修科校友會、宏昇螺旋槳股份有限公司與65級航海系校友的捐贈，建構出充滿海洋意象的紀念公園。

▌ 創校紀念公園是校友返校參觀的熱門景點之一。

創校紀念公園的校徽地景。

創校紀念公園是校友返校參觀的熱門景點之一

海洋意象門廳

捐贈人：54級河工系李全伶學長、55級林坤田學長、張文昌學長、陳宏文學長、陳自力學長、劉宏毅學長、鄭燦鋒學長、賴俊郎學長、57級陳博川學長、71級陳丁旺學長、62級航管系吳尚鷹學長、86級養殖系／88級養殖碩李政諺學長

「海洋意象門廳」位於海大行政大樓一樓，由河海工程系校友聯合捐贈新臺幣150萬元整建而成，空間規劃包含捐款樹（海大60週年捐款芳名牆）、藝術家吳建松老師的海洋意象石雕作品2座：「迴」及「生息」，象徵生生不息的生命力、傑出校友顥泰船務吳尚鷹董事長捐贈的船模以及養殖系校友李政諺學長以森兆生醫之名捐建的木製3D世界地圖，共同營造出海洋意象空間。

為感謝熱心校友捐資興學及企業賢達對海洋大學的承捐興學，以「十年樹木百年樹人」之意，設計了捐款樹芳名牆，將承捐者姓名銘刻於金葉子上。目前已累積179片葉子，支持海洋大學成長茁壯，躍進精進，涓滴成流、終為海大，永誌紀念。

寓意著十年樹木百年樹人的捐款芳名牆，每片金葉子鐫刻熱心捐款多年的校友及企業。

由顒泰船務董事長吳尚鷹學長捐贈的船模。

吳建松老師的石雕作品「生息」。

吳建松老師的石雕作品「迴」。

由森兆生醫負責人
李政諺學長捐贈的
「木製3D世界地
圖」。

涓滴成流

校門口船錨意象

捐贈人：益利航運股份有限公司

「船錨意象」位於海大校門口前方草皮，船錨屬無桿錨，為益利航運股份有限公司遠洋散裝船菁利輪所有，噸位為36,174公噸，錨重6,900公斤。益利輪船公司由許廷佐先生創立於1926年，後由許文華先生繼承而壯大之。為紀念益利公司成立85週年，以及感謝海洋大學自1953年創校以來培育出無數的優秀航輪人員，特捐贈船錨以為紀念。

位於海大濱海校門口的船錨。

螺旋槳校園景觀

捐贈人：65級航海系黃玉輝學長、徐永浩學長、馮台源學長、莊茂霖學長、王英林學長、陳葦洲學長、葉矢如學長、蔣大可學長、謝章民學長、劉煒學長、何剛學長、李蓬學長、嚴紀中學長、65級航海系／85級導航碩／93級河工博徐國裕學長、宏昇螺旋槳股份有限公司

　　「螺旋槳校園景觀」位於海大濱海校門口前方草地及創校紀念公園兩處，屬船用螺旋槳，鎳鋁青銅材質，由宏昇螺旋槳股份有限公司製造與捐贈，造價超過新臺幣105萬元，供展示及教學使用。校門口之大型螺旋槳直徑2公尺，重量900公斤，另位於創校紀念公園之小型螺旋槳，直徑1公尺，重量150公斤，螺旋槳象徵海大前進的力量，展現海洋海事特色，螺旋槳校園景觀工程費用由65級航海系校友聯合捐款新臺幣72萬元致贈母校做為62週年校慶賀禮。

▎位於海大濱海校門口的螺旋槳景觀。

涓滴成流

安全浮標地景

捐贈人：65級航海系／85級導航碩／93級河工博徐國裕學長

　　「航海園區」位於海大基隆主校區濱海校門，包括2020年2月28日移入「自由中國號」，「安全浮標」及「船錨、螺旋槳、船體」等。「安全浮標」的地景是由退休領港、1976年畢業於海大前身臺灣省立海洋學院航海系徐國裕學長，爲彰顯本校航輪海運特色而捐贈，設於濱海校門口前方左側的臨海位置，徐學長出資100多萬元，委由中華鐵工廠有限公司依海上實體大小製作，重約3,500公斤、總高約9公尺，浮標頂端設有燈具是爲航行船隻警示危險或指引航道之用，必要時可經由「摩斯電碼」打出「N（一・）、T（一）、O（———）、U（・・一）」信號等功能，（　）內爲摩斯電碼。安全浮標及自由中國號已成爲海大基隆主校區校園新地標。

位於航海園區的安全浮標地景。

航輪雕塑

捐贈人：5556航輪專修科校友

　　「航輪雕塑」位於海大創校紀念公園，5556航輪專修科校友會捐贈，請知名雕塑家吳建松老師創作。白色花崗岩材質，整體造型由圓球體及帶狀的幾何圖形所構成，圓球體隱喻一顆堅毅不拔的心，圓形牽動帶狀造型的視覺符碼如航海前進的力量，帶狀扭曲的造型則象徵波濤洶湧的海上環境。

　　海大5556航輪專修科校友會的學長都是現在臺灣航運界的菁英，他們是當年聯合國「國際經濟合作發展委員會」特別基金董事會配合我國成立「航業發展中心」培養海運人才，民國55年（1966年）、56年（1967年）在海大開設三年制航輪專修班的學生。捐建創校紀念公園的「航·輪」雕塑品象徵著校友們奮鬥的過程。每逢校友回校，一定會到創校紀念公園參觀，重溫以前讀書時的回憶。

　　為了紀念海大創校紀念公園落成，海大校友服務中心特別以「航·輪」雕塑品的手繪圖稿，製作成航輪杯，杯緣有鄭愁予講座教授為海洋人提的航行詩「我們航行，所以航行——我們是海洋的寵兒」的詩句及簽名，致贈對海大捐資興學的熱心校友、企業賢達。

| 55-56 航海輪機專修科記誌紀念銘版。

| 由海大校友中心製作的海洋「航・輪」紀念杯。

| 藝術家吳建松老師的海洋意象石雕作品「航・輪」。

養殖系空中花園（養一園）

捐贈人：67級養殖系陳嘉祺學長及養殖系第一屆系友

　　「養一園」位於海大生命科學院館2樓，時光飛馳，四十年前第一屆同學們進入了臺灣省立海洋學院水產養殖系，四年間朝夕相處，度過了物質及師資匱乏的年代，也度過了青春成長、相濡以沫的美好歲月。畢業後各奔東西，爲前程努力，有人於水產養殖行業繼續奮進，在臺灣及世界水產養殖發展史上留下了足跡；也有人於各行各業努力向前，闖出一片新的天地！於今由陳嘉祺學長等養殖系第一屆同學共同捐贈母系280萬元供系館環境美化，並以養一園命名以茲留念。期盼學弟妹們在校期間過得快樂幸福，以養殖系爲榮；畢業之後養殖系以你們爲傲！

具有南洋風格的養一園。

人工草皮運動場

捐贈人：60級航海系羅濟廷學長、63級造船系邱啟舜學長、66級電子系葉富國學長、邱蒼民學長、73級郭博達學長、66級航海系／103級航管EMBA李曙光學長、69級航管系／71級海法所洪英正學長、71級航海系陳紹厚學長、橄欖球校友會、足球校友會

　　海大濱海校區原來是一片岩石海灘，從1957年開始填海造陸，一直到1990年3月才在這個海埔新生地興建運動場，歷經二十幾年，在氣候限制且養護不一的種種因素下，運動場早已斑駁不堪，底層礫土石塊浮現，甚至還有鋼筋等異物出現，容易造成運動傷害，因此特別斥資闢建人工草皮運動場，提供學生一個安全的活動場所。從2014年開始著手推動運動場改造工程，由於工程經費高達2,700萬元，除了自籌及教育部補助之外，剩餘金額都仰賴事業有成的校友捐助，才能讓人工草皮運動場順利完成啟用。

　　海大新落成的運動場，擁有400公尺的跑道，除了可以舉辦一般田徑項目的比賽之外，還可以進行橄欖球及足球的比賽。現在每天都有許多學生、教職員、社區民眾在場上打球、跑步，是大家最喜歡的運動場所。

人工草皮運動場碑文。

▎於人工草皮運動場進行的橄欖球競賽。

▎2019年11月9日，海大橄欖球隊55週年隊慶暨2019迎新活動大合照。

海洋夢想基地

捐贈人：80級航管系／95級航管EMBA劉立仁學長、69級航管系／71級海
　　　　法所洪英正學長、97級航管EMBA涂鴻麟學長

　　「夢想基地」取其意即「可以讓夢想實現的出發地」，讓海大師生共同築夢，實踐夢想。基地主要爲緊臨學校早期由交通部航管局經管之貯木池土地，因隨著貯木池業務臨時廢除，致土地閒置，期間學校時而租借部分空間做爲學生操艇及救生艇筏等課程教學訓練。而後於1999年吳建國校長開始租用碼頭爲海洋海事教育訓練及水上運動教育訓練等使用（第一層）。爲推動海大產研學發展，於2019年在增租期間之土地規劃爲培育學生創新創業、孵育廠商及技術移轉產學合作之基地（第二層）。本校於1991年石延平校長在此增設臨海養殖溫室，於2017年重新整修後交由海洋觀光管理系爲上課及實習咖啡館使用（第三層）。至此，始具有三層設施之整體規劃，並得到劉立仁學長、洪英正學長與涂鴻麟學長等校友捐贈支持。該基地係張清風校長爲實踐「海洋園區」而設立。以便能致力於培育「水產海洋海事」專業人才，鼓勵學生「創新創意創業」，促進永續海洋產業發展，特命爲「海洋夢想基地」。

┃ 海洋夢想基地碑文。

┃ 位於北寧路濱海校門口旁的海洋夢想基地。

全興書苑

捐贈人：60級水製系柯吉剛學長

　　「全興書苑」位於海大圖書館地下一樓流蘇花樹旁，原為使用超過二十年的圖書館K書中心，斥資新臺幣1,500萬元，全面整新，在2014年10月18日正式落成啟用。將243坪空間打造成可容納217個座位的閱覽空間，還規劃筆電專用座位區，人性化設計，讓學生有更好讀書環境。整個空間設計從入口、展廊至照明桌椅，皆融入了海洋意象元素，除海洋生態的背景之外，室內還陳設了一面新詩牆面，由知名詩人鄭愁予為海大人創作的新詩「我們航行，所以航行──我們是海洋的寵兒」，圍塑一種海納百川的書卷氛圍，現為國內大學中頗具特色K書中心。

　　柯吉剛學長1971年畢業於海大前身臺灣省立海洋學院水產製造學系（現稱食品科學系），現職為全興國際控股集團創始人亦是海大食品科學系的傑出校友，為了提供學弟妹有更好、更舒適的讀書環境，慷慨捐資，參與整個全興書苑的設計及整新工程，融入海洋特色及企業持續實踐永續經營及長遠價值之理念，共創和諧、自然、健康之氛圍。

那 時 郎 平

當 立 志

水 靈 共 工 何 處 覓

即 使 航 行 四 洋 七 海 萬 里 經 緯

卻 向 母 親 晨 昏 問 省 正 合 了

＂ 親 在 不 遠 遊 ＂ ！

但 我 們 自 豪 是 海 洋 的 寵 兒

我 們 航 行 ⋯⋯ 所 以 航 行

▋ 全興書苑的簷廊景觀。

▋ 海洋詩人鄭愁予講座教授在全興書苑題上
航行詩勉勵海洋學子。

▋ 充滿海洋意象的全興書苑。

宏廣書屋

捐贈人：84級河工系／86級河工碩李清郎學長

　　「宏廣書屋」位於綜合二館與圖書館之間連通走廊140坪空間，書屋四面鋼構並輔以強化玻璃，內部有結構圓柱，屋頂為強化彩繪玻璃，白天光線明亮色彩繽紛，夜晚讓人感到平靜溫暖。書屋四周環繞建校時的水黃皮、黃槿等樹木，增添幾分人文、自然氣息。「宏廣書屋」是融合輕食咖啡的複合式書店，讓師生同仁、校友與社區居民浸淫在樹影扶疏與色彩繽紛的美麗書海中。

　　李清郎學長1995年畢業於河海工程學系及1997年河海工程學系碩士班，服務於力晶積成電子公司，在校六年，深受海大純樸、踏實的校風薰陶，回饋母校的種子默默在心中萌芽。在登山社，且是馬來西亞校友會長鄭聯華學長（76造船）牽線下返校捐款1,000萬元，一償他想改善海大老舊館舍的心願。2018年9月李清郎學長受邀返校參訪，張校長帶領同時也是高雄中學的小學弟信步校園，求學記憶歷歷在目，途經圖書館，深為贊同母校規劃在此興建一座閱讀與休憩的空間，此為「宏廣書屋」的濫觴。李學長以其兩個小孩：宥宏、宥廣，各取一字命名「宏廣書屋」，賦予回饋與薪傳之意，提醒宥宏、宥廣，取之社會、用之社會，時時刻刻存著感恩之心。

宏廣書屋碑文。

剛完工的宏廣書屋的彩繪光影。

宏廣書屋目前由五南文化廣場及良師塾進駐服務。

2019年10月19日，李清郎學長（左四）全家福參與宏廣書屋揭幕儀式。

振動噪音工程研究中心 —— 昭奎樓

捐贈人：楊昭奎教授及子女（楊台瑩、楊正大）、57級造船系劉政平學
長、59級王偉輝學長、60級陳重盛學長、63級邱啟舜學長、66級
陳水發學長、69級呂佳揚學長、77級方志中學長、邱進東學長、
93級造船系／96級造船碩詹明儒學長、90級造船系／92級造船碩
／95級造船博洪慶銘學長、96級造船系／98造船碩李奕璋學長、
94級造船碩翁國倫學長、晉利佳股份有限公司、慶磊實業有限公
司、碁點實業有限公司、環協工程顧問有限公司、大倡國際商務
股份有限公司、青鋼應用材料股份有限公司、翔鈺企業股份有限
公司、東和林環保科技股份有限公司、徐燕琴女士

　　振動噪音工程研究中心又名「昭奎樓」，位於海大濱海校區造船系館
後方，造船系為補足現有聲學實驗室之不足，規劃建置聲學實驗中心，未
來聲學實驗室建置設備可進行檢測及試驗材料聲學特性，如空氣性隔音性
能、吸音性能、衝擊性隔音性能、消音性能，可符合CNS及ISO測試之實
驗室標準，並獲全國認證基金會（TAF）認證，除可補足現有造船系聲學
實驗室之不足，亦可同時提供完整學術之研究及相關標準測試，協助相關
產業進行產品聲學性能提升之服務。

　　中心建置所需經費約新臺幣2,000萬元，感謝楊昭奎教授偕熱心校友
及企業慨捐千萬元，2020年7月7日中心落成揭幕，特以「昭奎樓」感謝並
紀念老師，也期待更多校友及企業響應捐款。

造型前衛的昭奎樓。（海大造船系專員吳仰凱攝，94河工）

2020年7月7日楊昭奎教授的家人受邀為海大振動噪音工程研究中心（昭奎樓）揭幕。

木蘭海洋海事教育大樓

捐贈人：趙朱木蘭基金會

　　「木蘭海洋海事教育大樓」建地原址是海大早年的教職員宿舍「麗峰莊」，位於祥豐校門外的中正路上，在2011年拆除後開始籌劃興建工程，歷經近八年的規劃、審議、申請終於在2019年取得建造執照，正式開工。木蘭海洋海事教育大樓位於中正路613巷與621巷之間，是一棟地上七層、地下一層造價近兩億的鋼筋混凝土造建築物，基地面積1,404平方公尺，總樓地板面積4,985平方公尺，未來將作為海洋海事教學研究及公共服務空間。

　　木蘭海洋海事教育大樓在2012年決議購地興建，歷經四年半的都市設計審查，期間營建物價上漲導致總工程經費暴增數千萬元，感謝趙朱木蘭基金會發起人趙錫成博士熱心捐資，挹注100萬元美金，讓工程能夠順利進行。為提升臺灣海洋海事教育的國際競爭力及鼓勵年輕學子學以致用於海洋海運為志業，除設置「木蘭獎學金」提供海大留美學生學費及實習機會外，再次捐資海洋海事教育大樓興建經費，期望提供更好的教學研究空間，藉此擴大海洋海事教育的發展能量，嘉惠更多的師生。

| 2019年10月30日，趙錫成博士（左二）偕同女兒美國福茂集團趙安吉董事長（右一）出席第七屆海洋貢獻獎頒獎典禮。 | 由海大文創系製作木蘭海洋海事教育大樓3D列印模型。 |

木蘭海洋海事教育大樓動土典禮活動海報。（海大校友中心組員張尹柔設計）

電資暨綜合教學大樓

捐贈人：63級電機系趙俊傑學長、64級林金源學長、66級邱蒼民學長、68級郭重松學長、69級賴金全學長、70級黃啓芳學長、75級許堯壁學長、79級鄭石凱學長、82級方振宇學長、82級顏太禹學長、83級鄭偉成學長、96級謝一德學長、81級電機系／98級電機碩王寶樹學長、82級電機系／87級電機碩謝梅寬學長、88級電機系／91級電機碩蔡弼丞學長、82級電機碩涂承暉學長、85級黃嘉宏學長、87級邱萬德學長、90級陳道鴻學長、92級資工系陳柏年學長、94級胡佳君學姐、96級黃振輝學長、100級林炳堯學長、101級黃崇仁學長、96級資工碩張柏豪學長、97級余佳鍇學長、徐蓓芳學姐、鍾欣燕學姐、98級黃奕蓁學姐、90級資工系／92級資工碩楊志耀學長、90級資工系／93級資工碩／100級電機博張智堂學長、91級資工系／93級資工碩朱家漢學長、91級資工系／93級資工碩張福生學長、96級資工系／98級資工碩李佳臻學姐、95級資工系／96級資工碩唐正英學長、96級資工系／98級資工碩／101級資工博陳建銘學長、98級資工系／100級資工碩／103級資工博羅英倉學長、95級資工系／96級資工碩／102級資工博王信偉學長、89級航技系／92級導航碩賴建成學長、93級航管碩李孟書學長、侯外科診所、北淞企業有限公司、宏達國際電子股份有限公司、張瑜玫女士、蕭陳潔女士、張忠誠先生、張明信先生（至2020年5月31日計有47名校友、熱心企業捐款）

「電資暨綜合教學大樓」位於海大濱海校區，緊鄰北寧路，是一棟地下一層、地上九層樓高、總樓地板面積約3,000坪的鋼筋混凝土造建築物。由於電資大樓新建位置為早年填海造陸的海埔新生地，海濱地理條件特殊，歷經工程糾紛、更改設計、變更興建地點等，加上申請程序繁複冗長，籌建過程相當艱辛，總建造經費約2億9,800多萬元。為回饋母校，電資暨綜合教學大樓興建工程，至2020年5月獲得47名校友、熱心企業支持，總計新臺幣1,351萬1,921元整，完工後，可以擴充實驗空間、增加教室空間，改善教學及研究環境。

▌興建中的電資暨綜合教學大樓。

▌電資暨綜合教學大樓示意圖。

王光祥暨海大校友國際學舍

時　間：2020年7月14日

捐贈人：67級輪機系王光祥學長、69級莊水旺學長、56級水製系蔡俊雄學長、60級柯吉剛學長、59級航管系林光學長、65級李健發學長、曾俊鵬學長、68級林晃松學長、73級蔡登俊學長、69級航管系／71級海法所洪英正學長、61級造船系林允進學長、63級邱啟舜學長、69級呂佳揚學長、74級食科系周正訓學長、65級航海系馮台源學長、67級養殖系吳寬裕學長、劉擎華學長、72級黃昭斌學長、沈延霖學長、75級侯耀德學長、79級養殖系／81級養殖碩郭怡君學姐、66級電子系邱蒼民學長、76級航管系黃志聖學長、78級趙文華學長、101級食科系林泗潭學長、104級航管系莊雅雯學姐、105級航管博郭義隆學長、107年洪煌景榮譽校友、宜蘭校友會、訊昌有限公司、輪機、機械系友會、航管EMBA校友會（王光祥暨海大校友國際學舍117名捐款人收錄於QR Code捐款芳名錄中）

　　海大馬祖校區位於連江縣北竿鄉坂里村59號，緊鄰觀光勝地芹壁及坂里沙灘，原為連江縣北竿鄉坂里國小使用，現為海大馬祖校區。建物空間以原坂里國小校舍改建作為教學空間，連江縣府投入新臺幣5,500萬元興建一棟教學大樓，但尚缺足夠的住宿空間，提供學生及訪客含校友訪問住宿。

涓滴成流

為支持母校馬祖校區發展，2019年校友總會發起馬祖校區國際學舍募款，首位捐建母校教學大樓的傑出校友沛華集團創辦人林光老師率先捐款，並和張清風校長共同邀請校友總會王光祥理事長、全興國際柯吉剛學長、洪英正榮譽理事長、周正訓學長、林允進學長、林見松學長、邱啟舜學長、蔡登俊學長、呂佳揚學長、馮台源學長等多人一同起頭力行，至2020年5月31日已有117位的熱心校友企業捐款近新臺幣5,500萬元，其中2,000萬元由發起號召的校友總會王光祥理事長捐助，日後國際學舍也將以王光祥暨海大校友國際學舍為名，感謝校友的捐建。

　　「王光祥暨海大校友國際學舍」為地上三層的鋼筋混凝土造建築物，基地面積329.53平方公尺，總樓地板面積959.6平方公尺，於2020年7月舉行捐贈動土儀式後起建，預計兩年後完工啓用。

王光祥暨海大校友國際學舍捐資興學動土典禮活動海報。（海大校友中心組員張尹柔設計）

王光祥暨海大校友國際學舍示意圖。

國家圖書館出版品預行編目資料

涓滴成流終為海大 ： 一所令人感動的大學，
一位令人感動的校長 ／ 臺灣海洋大學校友
總會總策劃. -- 初版. -- 臺北市 ： 五南，
2020.07
　面；　公分
ISBN 978-986-522-119-5(平裝)
1.張清風 2.校長 3.學校管理 4.教育行政
526.42　　　　　　　　　109009322

4I04

涓滴成流終為海大

一所令人感動的大學，一位令人感動的校長

總 編 輯 — 王光祥

總 策 劃 — 臺灣海洋大學校友總會

主　　編 — 吳瑩瑩

執行編輯 — 吳瑩瑩、張尹柔、林惠文、李善如、劉珮君

發 行 人 — 楊榮川

總 經 理 — 楊士清

封面設計 — 鄭云淨

出 版 者 — 五南圖書出版股份有限公司

地　　址：106台北市大安區和平東路二段339號4樓

電　　話：(02)2705-5066　　傳　　真：(02)2706-6100

網　　址：http://www.wunan.com.tw

電子郵件：wunan@wunan.com.tw

劃撥帳號：01068953

戶　　名：五南圖書出版股份有限公司

法律顧問　林勝安律師事務所　林勝安律師

出版日期　2020年7月初版一刷

定　　價　新臺幣550元